职业教育市场营销专业精品教材

商务沟通与礼仪

田春来　主　编

王　杨　朱洪静　刘天英　张宗伟　副主编

电子工业出版社

Publishing House of Electronics Industry

北京·BEIJING

内 容 简 介

本书是以能力培养为主线的理论与实务相结合的商务沟通礼仪教材。全书系统地介绍了各种有效沟通的基本技能和各种商务礼仪场合的基本规范行为，通过学习这些内容，读者既可以深入了解有效沟通的基本要素，切实把握商务礼仪的重要环节，又能够运用各种沟通技能熟练应对沟通任务，加强职业素养，从而零距离与职场接轨。

全书内容共分为沟通概述、语言沟通艺术、文字沟通艺术、非语言沟通艺术、商务礼仪概述、社交礼仪、职场礼仪 7 个项目。为了便于读者学习，本书配备了大量图片、案例分析、综合实训。

本书通俗易懂，讲述由易到难，应用性广，实用性强，不仅可作为职业院校"沟通与礼仪"课程的教学用书，作为企业提高员工沟通能力、商务礼仪职业素养的培训教材，而且可供希望提高自身修养的社会各行各业的人员使用。

图书在版编目（CIP）数据

商务沟通与礼仪/田春来主编. —北京：电子工业出版社，2020.7

ISBN 978-7-121-39235-1

Ⅰ. ①商…　Ⅱ. ①田…　Ⅲ. ①商业管理－公共关系学－高等学校－教材 ②商务－礼仪－高等学校－教材　Ⅳ. ①F715②F718

中国版本图书馆 CIP 数据核字（2020）第 122394 号

责任编辑：陈　虹　　文字编辑：张　彬

印　　刷：涿州市般润文化传播有限公司

装　　订：涿州市般润文化传播有限公司

出版发行：电子工业出版社

　　　　　北京市海淀区万寿路 173 信箱　邮编 100036

开　　本：787×1 092　1/16　　印张：11　字数：281.6 千字

版　　次：2020 年 7 月第 1 版

印　　次：2025 年 8 月第 6 次印刷

定　　价：33.00 元

前　言

在市场竞争日益激烈的今天，人际沟通显得愈发重要，求职找工作需要沟通，入职后完成岗位工作同样离不开沟通。因此，如何有效地传递和发布信息，如何快速地表达自己的心理诉求，已经成为商务人士的必备技能之一。

社交礼仪是人与人之间在生活、工作等场合的集中表现，是谦逊、恭敬、周到、文雅所体现的品质和行为的统称。

良好的沟通能力和得体的行为举止，一方面可以提高集体的战斗力和团队凝聚力，激发、调动员工的工作积极性和使命感，另一方面可以提升员工的整体精神面貌，进一步提高自信力和执行力。

本书以国务院印发的《国家职业教育改革实施方案》文件精神为指导，立足高职教育，依据高职高专教学的培养目标和人才培养模式，以提高学生实际的操作技能、强化学生的综合素质为指导方针，以"适用、够用、实用"为原则，以培养应用复合型人才为目标，注重提升学生的创新、创业能力。本书遵循"零距离职场化"的人才培养模式教学要求进行精心设计，使教学体系更加完善。

本书以提高学生的综合素养和注重学生的能力培养为出发点，强化学生在课堂教学中创新、创业素养的提升，为学生今后的工作打下扎实的基础。全书分为 7 个项目，内容编排遵循"循序渐进、凸显技能"的原则。本书主要具有以下特点。

1. 情景剧导入

高职"沟通与礼仪"课程教学秉承"先模仿再创新、先仿真再实战"的原则。为提升学生的自学能力和创新能力，本书以适合学生表演的情景剧剧本代替传统文字项目导读，可供教师授课时参考，学生表演时既可以锻炼自信能力，又可以检验课前预习是否充分。本书的剧本也可以由学生根据知识点自行编撰、分角色扮演。

2. 理论知识与技能实训同步

本书在讲透基本理论的同时，另单独开出篇幅列出课堂内同步实训，使学生所学在实践中得以检验。学生之间可以进行比较，更利于激发学生的自我学习能力和团队合作能力。

3. 案例素材丰富

丰富的案例素材可以增加学生对理论知识的理解力，也便于其他广大读者自学。本书案例全部来源于企业实例，简单实用，方便学生理解。

4．配备拓展学习资料

学以致用，简单明了，为更好地体现沟通与礼仪的实用性和艺术性，本书配备了丰富的拓展学习资料，包括试题、视频、其他资源等，其中视频以二维码形式展现，可以直接扫码学习，其他可登录华信教育资源网 www.hxedu.com.cn 免费下载。

本书由丽水职业技术学院田春来担任主编，负责拟订全书的框架和体例要求，负责全书的策划和统稿；由王杨、朱洪静、刘天英、张宗伟担任副主编。各项目编写分工如下：长春职业技术学院王杨编写项目一和项目二；山东经贸职业学院刘天英编写项目三和项目四；丽水职业技术学院朱洪静编写项目五和项目七；丽水职业技术学院田春来编写项目六；厦门海关高级主办张宗伟修订完善了大部分的案例并从职场角度对综合实训内容进行了梳理；泰康人寿保险公司丽水中支处经理吴世贤参与了部分案例内容的编写。

在本书编写过程中，笔者阅读和参考了大量有关沟通与礼仪的著作，参阅、引用、浏览了很多网络资源，由于篇幅有限未能一一列出，望见谅，在此特向以上所有专家学者、同行、朋友表示由衷的感谢。

编写本书前后花费两年时间，尽管再三修改完善，但编者水平有限，书中难免出现疏漏和差错之处，敬请专家学者、同行、读者给予批评指正，在此也表示衷心感谢。交流邮箱：tianchunlai2009@163.com。

编　者

目　　录

项目一 沟通概述

❓知识目标

1. 理解沟通的含义
2. 理解沟通的作用
3. 掌握有效沟通的原则

📋能力目标

1. 提高观察能力
2. 培养领悟能力
3. 具备礼仪规范执行力

情景剧导入

李教授的裤子

人物：李教授、李教授的妻子、李教授的妈妈、李教授的女儿。

地点：李教授的家。

旁白：50多岁的李教授正在精心准备一个重要会议上的演讲稿，会议规格之高、规模之大都是他第一次遇到的，全家人都为李教授的这次露脸而激动。为此，妻子专门为他选购了一套西装。

一家人吃晚饭时，妻子问他："老李，西装合身吗？"李教授说："嗯，上身很好，就是裤腿长了两厘米，穿还是能穿的！"

晚上李教授早早地睡了。他的妈妈却睡不着，"儿子这么隆重的演讲，西裤长了怎么能行？"于是翻身下床，把西装的裤腿剪掉两厘米，缝好烫平，然后安心地入睡了。

第二天早上五点半，妻子起床了，"西裤长了肯定不合适，时间还来得及。"便拿来西裤又剪掉两厘米，缝好烫平，然后惬意地去做早餐了。

过了一会儿，女儿也起床了，看见早餐还没有做好，就想起爸爸西裤的事情，"我都长大了，也能为爸爸做点事情了，老爸的西裤长了两厘米，我剪短就好了，老爸演讲时一定很帅。"于是，女儿拿来西裤，又剪短了两厘米。

结果……

【分析】

1. 这个故事对你有什么启发？你是否觉得沟通真的很重要？

2. 在工作和生活中，什么情况下需要沟通？你是如何做的？

3. 生活中这样的事情如何能有效避免？你觉得发生这样的事情，谁是解决问题的关键？

沟通能力测试

具有良好的沟通能力有助于人们很好地表达自己的思想和情感，获得别人的理解和支持，保持良好的人际关系。沟通能力较差的人常常会被别人误解，给别人留下不好的印象，甚至无意中给别人造成伤害。想测一下你的沟通能力吗？那就开始吧！

1. 你跟新同学打成一片一般需要多少天？（　　　）

    A. 1 天

    B. 7 天

    C. 10 天甚至更久

2. 当你发言时有些人起哄或者干扰，你会（　　　）。

    A. 礼貌地要求他们不要这样做

    B. 置之不理

    C. 气愤地走下台

3. 上课时教室外有人来找你，恰好你坐在后排，挨着后门，你会（　　　）。

    A. 悄悄地暗示老师，得到允许后从后门出去

    B. 假装不知道，但心里很焦急，导致走神

    C. 偷偷从后门溜出去

4. 放学了，你有急事要早走，而值日的同学想让你帮忙打扫教室，你会（　　　）。

    A. 很抱歉地说："对不起，我有急事，下次一定帮你。"

    B. 看也不看地说："不行，我还有急事呢。"

    C. 假装听不见，跑出教室

5. 开学不久你就被同学选为班长，你会（　　　）。

    A. 感谢同学们的信任和支持，并表示一定把工作做好

    B. 觉得没什么大不了的，默默地要求自己把工作做好

    C. 觉得别人选自己是别有用心，一个劲儿地推托

6. 有同学跟你说："我告诉你一件事儿，你可不要跟别人说哦……"这时你会说（　　　）。

    A. "哦！谢谢你对我的信任。我不是知道这件事的第二个人吧。"

    B. "你都能告诉我了，我怎么不能告诉别人呢？"

    C. "那你就别说好了。"

7. 老师布置你和另一位同学一起完成一项任务，而这位同学恰恰对你不怎么友好，你会（　　　）。

    A. 大方地跟他（她）握手："今后我们可是同一条船上的人哦。"

    B. 勉强接受，但工作中决不配合

    C. 坚决向老师抗议，宁可不做

8. 你和别人为一个问题争论，眼看就要闹僵了，这时你会（　　　）。

    A. 立即说："好了好了，我们大家都静一静，也许是你错了，当然，也有可能是我错了。"

    B. 坚持下去，不赢不休

    C. 愤然退场，不欢而散

计分方法：选 A 计 3 分，选 B 计 2 分，选 C 计 1 分。

解析:

总分为 8~12 分: 你的沟通能力较弱。由于你对沟通的重视不够, 而且没有足够的自信心, 导致在成长的道路上, 一些机遇常常与你擦肩而过。你应该以轻松、热情的面貌与同学进行交流, 把自己看成集体中的一员。同时, 对别的同学也不应存在任何偏见。应经常与人交流, 取长补短, 改变自己拘谨、封闭的状态。记住: 沟通能力是成功的保证和进步的阶梯。

总分为 13~19 分: 你的沟通能力较强, 在大多数集体活动中表现出色, 但有时缺乏自信心, 还需加强学习与锻炼。

总分为 20~24 分: 你的沟通能力很强。无论你是学生干部还是普通学生, 都表现得非常好, 在各种社交场合大方得体, 待人真诚友善。在原则问题上, 你既能坚持并推销自己的主张, 又能争取和团结各种力量。你自信心强, 同学们都信任你, 你可以使你的班级充满团结和谐的气氛。

你的沟通能力如何? 你想成为沟通高手吗? 你对沟通了解多少? 什么是沟通? 在什么情况下需要沟通? 沟通为什么如此重要? 如何与人进行沟通? 通过本项目的学习, 你将可以轻松地回答这些问题。

任务一 沟通的含义、作用和类型

一、沟通的含义

本书所讲的沟通是指人与人之间进行信息传递和情感交流的过程, 即人际沟通, 是群体沟通和组织沟通的前提和基础。如果没有成功的人际沟通, 群体沟通和组织沟通都将很难取得预期的效果。沟通的主要目的就是维系和发展人际关系, 这是沟通应用范围最广的一个方面。与企业内外的任何机构或个人打交道都需要以沟通为基础。现代社会中, 求职和应聘可以说是非常需要应用沟通理论和技巧的领域。

(一)沟通的内涵

1. 沟通不是只说给别人听

有人认为, 沟通是"我说给你听", 即我是说话者, 你是听话者, 我发出一项信息, 并传递给你, 你收到信息后, 把它"译解", 然后采取令我满意的行动。但是我说给你听, 你未必都愿意听; 就算听了, 也未必真正听懂了我的意思; 即使听懂了我的意思, 你也不一定会按我的意图去行动。所以, 沟通并不是片面的"我说给你听"。

2. 沟通不是只听别人说

"世事洞明皆学问", 多听别人说话, 可以学到许多书本上没有的东西, 对自己有很大的益处。然而仅仅是听别人说, 也不算有效的沟通。因为仅仅你说我听, 我以为听懂了, 其实没听懂, 按照自己理解的意思去做时, 结果却证明"原来我听错了", 这相当于没有沟通, 甚至带来危害。

3．沟通是"通"彼此之"理"

沟通是人与人之间传达思想、观念或交换情报、信息的过程，也就是"你说给我听"加上"我说给你听"，以求得相互了解，并彼此达到某种程度的理解。与他人沟通，"理"是基础，但"通理"首先要寻求共鸣。"酒逢知己千杯少，话不投机半句多。"寻求共鸣便可使自己成为对方的知己，避免话不投机。所谓"共鸣"，是指沟通双方思想感情上达到一致的体验。产生共鸣意味着沟通双方的关系已经融洽，从而为"通理"铺平道路，使双方从心理上愿意接受对方的观点和主张。

案例 1.1

问题出在哪儿

如图 1.1 所示的漫画，一家公司修铁路轨道，A 组和 B 组各负责一部分，结果等双方完工进行对接时，却发现了大问题，两组的工头都强调是对方的错，那究竟问题出在哪儿呢？

图 1.1　漫画《问题出在哪儿》

请思考

1．该漫画说明了什么问题？
2．如何避免以上问题的发生？
3．在生活中你有没有遇到过类似的情形？你是如何处理的？

（二）沟通的要素

案例 1.2

认清对方的目标

"我想要本字典。"7 岁的儿子对妈妈说。

"什么字典？你怎么每天都要钱？"

"《新华字典》啊，老师说每个人都要买本字典，快给我十元钱。"儿子不耐烦地看着妈妈。

"家里不是有《新华字典》吗？你姐姐以前用过的就放在书柜里呢。"

"我不要，那本字典已经旧了，连扉页都没了。"

"字典能用就行，还管什么新不新的？"

"不行，我就要新字典。"

妈妈拿出姐姐用过的字典翻了翻，说道："这字典不缺页，里面都好好的，怎么就不能用了？你学习成绩上去了，谁管你用新的还是旧的啊？"

"不行，就是不行，我就要新字典。"

结果，母子俩吵了起来。

请思考

看了以上这个故事，你觉得母子二人为什么会沟通失败？

1．有一个明确的目标

沟通要有一个明确的目标，这是沟通最重要的前提（见图 1.2）。所以在和别人进行沟通时，第一句话可以说："这次我找你的目的是……"这是非常重要的，也是沟通技巧在行为上的一个表现。

图 1.2　沟通的目标明确

想一想

1．你在日常沟通中是如何和他人明确沟通目标的？

2．沟通结束时是否需要达成一定的协议？

2．达成共同的协议

沟通结束的标志就是达成了一个协议，如图 1.3 所示。沟通结束以后一定要形成一个双方或者多方都共同承认的协议，只有形成了这个协议，沟通才算完成。在实际的工作过程中，常见的情形是大家虽然沟通过了，但由于对沟通的内容理解不同，又没有达成协议，最终造成工作效率低下，出现很多矛盾。

图 1.3　沟通需要达成协议

3．沟通信息、思想和情感

沟通的内容不仅仅包括信息，还包括更加重要的思想和情感，这其中，信息最容易沟通。例如：明天几点钟起床？现在几点了？几点钟开会？往前走多少米？而思想和情感是不太容易沟通的。在工作过程中，很多障碍使得思想和情感无法得到很好的沟通。事实上，在沟通过程中传递更多的是彼此之间的思想，而信息并非最主要的内容。

练一练

将学生分成多个小组，每组5～6人，每组分配27张纸牌。

要求：各小组有15分钟的准备时间，小组成员需要将纸牌搭起来。纸牌搭得最高的小组胜出。

（三）沟通的层次

沟通可以分为4个层次，第一个层次是不沟不通；第二个层次是沟而不通；第三个层次是沟而能通，比较顺利；第四个层次是不沟而通，这是最高的层次。

案例1.3

您贵姓

某美术院校招聘一位老人为老年模特。某天，张老师组织学生素描，李同学觉得老人很配合，中间休息时，看着慈祥的老大爷，就想问候一下，"大爷，您贵姓啊？"

"啊，我不姓贵，谁说的我姓贵？真是的，做个模特，怎么还把人的姓给改了，你们年轻人啊！"大爷一脸生气状。

请思考

学生和模特大爷为什么沟通失败了？

1．不沟不通

从本质上讲，不沟不通算不上沟通，甚至可以说是沟通的反面。不沟不通，是指人们没有沟通的欲望或必要，处于不相往来的状态。例如，两个人虽然彼此认识，但是工作、生活基本没有交集，彼此视而不见、听而不闻，不需要"通"，所以也没有"沟"的必要。

如图1.4所示的漫画形象地展示了不沟不通、视而不见的姿态。

图1.4　不沟不通、视而不见

2．沟而不通

有时候，人们虽然在滔滔不绝地说话，但是一方说的话，另一方根本没听进去，甚至听的人很生气，当面加以指责，使说的人下不了台，或者听的人表面上装作无所谓，内心却很愤怒，这就是沟而不通的现象。其实，在现实生活中，很多沟通都停留在沟而不通的层次上，无法达成预期的沟通目标。

古人常说："武死战，文死谏。""文死谏"即沟而不通导致的悲惨结局。中国历代都有专门的官员负责向皇帝进谏，但常常因沟而不通触怒皇帝，最后丢了性命。在现代社会中，沟而不通虽然不至于让人丢掉性命，但有时会产生巨大的障碍，使人寸步难行。

如图 1.5 所示为沟而不通的情形。

图 1.5　沟而不通

3．沟而能通

沟而能通当然是人们喜闻乐见的情况。误会也好，分歧也罢，只要沟而能通，都不是大问题。

如图 1.6 所示为沟而能通的情形。

图 1.6　沟而能通

案例 1.4

是 4 还是 10

一个在某大学食堂打工的小伙来自贫困山区，他虽没上过几年学，但是很喜欢学英语，总是利用业余时间跑到教室去蹭听英语课，几年之后，掌握了不少英语单词，日常英语对话也不是问题。

某天，食堂来了一个学生要买 4 个馒头，但因普通话说得非常不好，结果把 4（si）说成了 10（shi），由于买 10 个馒头的学生较少，小伙就又问他买 4 个还是 10 个。

结果学生一紧张开始结巴了，说"买 4 个，4 个（其实发音还是 shi）"。

看着学生紧张的样子，打饭小伙灵机一动，问"Four or ten？"

"Four."学生大声回答道。

小伙迅速地给他装了 4 个馒头。

请思考

小伙的沟通技巧是什么？

4．不沟而通

不沟而通是一种艺术。中国人十分讲究人与人之间的默契，高度的默契便是不沟而通，是一种难得的沟通美景。有时候人们不需要说话，光靠眼神、动作就能传达信息。不沟而通的关键在于双方的默契（见图 1.7），而要建立默契，就要关注对方，随时随地注意对方的举动，不依赖对方的言语表达，而是主动捕捉对方的肢体语言。毫不关心对方，不注意观察对方的举动，当然很难不沟而通。将心比心，通过心与心的感应，使对方的心意畅通地传达过来，心意相通，便实现了不沟而通。

图 1.7　不沟而通的关键

想一想

在工作和生活中，什么情况下需要沟通？你是如何进行沟通的？

（四）沟通的目的

1．使别人理解我们的意图

人们之所以愿意相互沟通，其目的就是让对方理解为什么要求对方这么做，如有人索要你的电话号码，通常情况下你会拒绝，但如果对方告诉你，有你很感兴趣的消息时要第一时间通知你，你也许会很爽快地留下电话号码。

2．得到我们想要的答案

当你非常想知道一件事情的结果时，必然会去问知情的人，此时你沟通的目的，就是想知道这件事的结果，如有没有得奖、有没有入选、成绩有没有及格等。

3．与对方保持一定的友好关系

"有朋自远方来，不亦乐乎"。与人沟通的目的在于经常保持联系，即建立比较友好的关系，可以从对方那里获得更多你感兴趣的消息，或者更好地让对方理解你的想法，将来联系也更方便。

不管何时，沟通双方都会有理解或不理解的问题，人们希望通过沟通使对方理解自己的意图，所以，明确沟通的目的是非常重要的。通过沟通得到的答案不管是肯定的还是否定的，都会传达给沟通双方一些信息。同时，现代工作或生活中越来越强调合作精神，因此，与人保持良好的关系也是沟通的一个重要目的。

二、沟通的作用

（一）沟通是个人身心健康的保障

正常的沟通是个人身心健康的一个重要保障，这可以从沟通的功能中看出来。

1．沟通具有协调功能

沟通可以使沟通者的心理得到满足；可以调节自己的行为，从而消除人际交往的障碍（如隔阂、误会、矛盾等），增进情感，促进合作，使人与人之间的关系更加和谐。

2．沟通具有保健功能

人是社会性的生物，沟通是其特有的需求，如果人的这种需求得不到满足，就会影响身心健康。保持人与人之间充分的思想和情感的交流，保持实现沟通行为所必需的条件，是个人心理健康成长所必需的，这就是沟通的保健功能。实践证明，能够保持正常沟通的人更容易获得幸福感，这正是沟通具有保健功能的有力证明。

3．沟通是形成和发展人的社会心理的必要条件

人的社会心理正是在同他人进行沟通的过程中逐渐形成和发展起来的。研究表明，社会心理现象主要包括个体在社会、群体和他人的影响下心理发展变化的规律，个人对群体、群体对个人的相互影响和心理效应，以及群体间的相互影响和作用，而这些心理现象都是以沟通的信息交流为前提的。因此，没有沟通，就没有信息交流，也就没有社会心理的产生。

（二）沟通是社会交往的需要

每个人都生活在一定的社会群体之中，人际关系是个人和社会交往的纽带。人际关系并不是凭空建立起来的，沟通在其中起了非常重要的作用。在现代社会，不善于沟通的人不但会失去许多机会，而且将导致自己无法与别人协作。每个人都不是生活在孤岛上的，只有与他人保持良好的协作，才能获取自己所需要的资源。

案例 1.5

人际交往的重要作用

张强毕业于成都某知名高校的新闻学专业，在校期间一直表现不错，专业课成绩也挺优秀，但是为人比较傲。

张强毕业后到成都一家知名的报业集团工作，集团很大，工作人员也非常多。张强到单位后由于专业对口、表现不错，渐渐地小有名气。

3 个月后的某天，张强认为自己撰写的某新闻稿件可以被评为当月的 A 稿，结果评议会上并未如愿，相反，一直被他看不起的来自某专科学校的王利的稿件却被评为了 A 稿。当部门主任把情况通知到张强后，张强非常气愤，认为那些评委完全不专业，看不得自己比他们优秀，心里非常生气。

当天晚上加班后临走出传媒大厅的时候，张强故意将楼道的所有灯都点亮，这时有一个老者上前又把灯关掉了，并说："小伙子，人走就要关掉灯，灯亮一晚上要浪费多少度电啊。"

张强不认识这个老者，又看他穿着很普通，以为就是个打杂的，于是又把灯打开，并对他喊道："用你管吗？我就是想让灯一直亮着！"

结果几天后，张强收到了辞退通知，原来那个老者并不是什么打杂的，而是集团的一个副总。

请思考

"金无足赤，人无完人"，有才的人也可能存在着致命的缺点。张强为什么被辞退了？

（三）沟通是提高工作效率的关键

实践证明，各行各业的工作人员不仅需要具备专业知识和技能，而且需要具备与他人沟通的能力。据统计，企业中约 75%的工作停顿、问题都是因为沟通不畅导致的。管理上有一个著名的双 50%理论：经理人 50%以上的时间用在了沟通上，如开会、谈判、指示、评估等；但同时，工作中 50%以上的障碍都是在沟通中产生的。因此，在一个组织中，上下级之间的良好沟通、同事之间的良好沟通、部门与部门之间的良好沟通是提高工作效率的有效途径。及时、有效的沟通，能使下级很快了解上级交办工作的意图，使上级随时掌握下级在工作中遇到的困难，及时得到其他部门的大力支持，起到事半功倍的作用。

三、沟通的类型

（一）按沟通的方向分

1．下行沟通

下行沟通指资讯的流动是由组织层次的较高处流向较低处。通常下行沟通的目的是控制、指示、激励及评估。下行沟通指居上者向居下者传达意见、发号施令等，即通常所说的上情下达。

2．上行沟通

上行沟通指下级向上级报告工作情况，提出建议、意见，或表达自己的意愿等。上行沟通即通常所说的下情上达，如孩子对父母、学生对老师（见图1.8）、下属对上司的沟通等。

图1.8　学生向老师反映问题（上行沟通）

3．平行沟通

平行沟通指组织内同层级或部门间的沟通，是正式沟通的一种，如员工间的沟通、管理者内部之间的沟通等，通常可节省时间和完成协调。公司内部同级部门之间都需要平行沟通，以促进彼此的了解，加强合作。平行沟通的目的是交换意见，以求心意相通。

以上这3种方向的沟通都常用，而且流动的方向不是一成不变的，会随着具体情况的不同而随时改变。

案例 1.6

不会沟通致使同事变冤家

小贾是公司行政部的一名员工，为人比较随和，不喜欢争执，和同事的关系都比较好。但是，前一段时间，不知道为什么，同部门的小李老是处处和她过不去，有时候还故意在别人面前指桑骂槐，本该是她的工作经常吩咐小贾去做。起初，小贾觉得都是同事，没什么大不了的，忍一忍就算了。但是，小贾越是谦让，小李就越是得寸进尺，小贾忍无可忍，一气之下就告到了部长那儿。部长把小李批评了一通，从此，小贾和小李成了冤家。

> **请思考**
>
> 小贾、小李和部长之间在沟通上存在哪些问题？如果你是小贾你会怎么做？

（二）按沟通的组织结构特征分

1. 正式沟通

正式沟通指按照组织明文规定的渠道进行信息的传递和交流。例如，组织内部的文件传达，上下级之间例行的汇报和总结、工作任务分配，以及组织之间的信函往来等都属于正式沟通。正式沟通具有严肃性、程序性、稳定性、可靠性及信息不易失真的特点，是组织内沟通的主要方式。

2. 非正式沟通

非正式沟通指正式沟通渠道以外自由进行的信息传递和交流，是正式沟通的补充。例如，员工之间私下交换意见、交流思想、传播小道消息等都是非正式沟通。其特点是具有自发性、灵活性、不可靠性。非正式沟通作为正式沟通的补充，有其积极的作用，通过它可以掌握群体成员的心理状况，并在一定程度上为组织决策提供依据。但由于在非正式沟通中信息较易失真，所以管理人员既不能完全依赖非正式沟通获得必要的信息，又不能完全忽视它。

（三）按信息发送者与接收者的位置是否变换分

1. 单向沟通

单向沟通指信息的发送者与接收者之间的相对位置不发生变化的沟通方式，即信息的交流是单向的流动。例如，演讲、做报告、广播消息等都属于单向沟通。单向沟通的优点是信息传递快；缺点是缺少信息反馈，沟通的信息准确性差，当接收者不愿接受意见或任务时，容易引起不满与抗拒。

2. 双向沟通

双向沟通指信息的发送者与接收者的位置不断变化的沟通方式，即信息的交流是双向的活动。例如，组织间的协商、讨论或两个人之间的谈心等都属于双向沟通。双向沟通的优点是能实时获得反馈的信息，沟通的信息准确性较高，通过沟通有助于联络和巩固双方的感情；缺点是信息传递速度较慢，由于接收者可以反对信息发送者的意见，在一定条件下可能给发送者造成心理上的压力。

（四）按信息沟通的过程是否需要第三者加入分

1. 直接沟通

直接沟通指信息发送者与接收者直接进行信息交流，无须第三者传递的沟通方式。例如，面对面交谈、电话交谈等都是直接沟通。直接沟通的优点是沟通迅速，双方可以充分交换意见、交流信息，迅速得到相互了解；缺点是信息的有效传递需要时间和空间的一致性，有时存在一定的困难。

2．间接沟通

间接沟通指信息发送者必须经过第三者的中转才能把信息传递给接收者。间接沟通的优点是不受时间和空间条件的限制；缺点是较浪费人力和时间，且可能使信息失真。

（五）按信息沟通时所凭借的媒介分

1．口头沟通

口头沟通指以口头语言为媒介的沟通方式，如演讲、口头汇报等。口头沟通是生活中最常用的一种沟通形式，人们借助口头语言传递不同的信息、情感和思想。口头沟通的优点是信息的发送和反馈快捷、及时；缺点是信息传递经过的中间环节越多，信息被曲解的可能性就越大。

2．书面沟通

书面沟通指以书面文字为媒介的沟通方式，如通知、文件、备忘录等。书面沟通与口头沟通都属于语言沟通的过程，但书面沟通更加规范、正式和完整。在组织和群体进行正式的、比较规范的沟通时通常采用书面沟通的形式。书面沟通的优点是沟通的内容具体化、直观化，沟通信息能够被永远保存，便于查询；缺点是要花费大量时间，缺乏及时的反馈，而且不能保证接收者完全正确地理解信息。

练一练

1．你最常用的沟通类型是什么？生活中与工作中最常用的沟通类型有什么不同？
2．同学之间尝试做一些非正式沟通的模拟练习。

案例 1.7

孩子的"磨功"

有个孩子要买遥控飞机，妈妈没打算给他买，因为家里的玩具实在太多了，也不想让孩子养成想要什么就买什么的坏毛病，于是妈妈不耐烦地说："不买！"

"为什么不买？" 孩子问。

"不为什么！不买就是不买！"妈妈说。

"为什么？" 孩子又问。

"不为什么！就是不买！"

"为什么？"孩子又问。

"不为什么！你到底想怎么样？"

"为什么？……"孩子又问了好几遍。

妈妈实在受不了了："算啦，算啦，给你买吧，别磨人了。"

请思考

孩子与父母的沟通属于上行沟通吗？孩子在沟通中采用了什么方法，最终达到了自己的沟通目的？

任务二　有 效 沟 通

一、有效沟通的原则

现代管理之父彼得·德鲁克曾指出："人无法只靠一句话沟通，总要靠整个人来沟通。"沟通需要构建通信设施（如电话、计算机、电视等），需要理顺组织内部的沟通渠道，但这些只是形成了沟通的客观条件，沟通的关键还是人。

彼得·德鲁克还提出了有效沟通的 4 个基本原则，具体如下。

1．沟通是一种感知

禅宗曾提出过一个问题："若林中树倒时无人听见，会有声响吗？"答曰："没有。"树倒了确实会产生声响，但除非有人感知到了，否则就是没有声响。沟通只在有接收者时才会发生。所以，无论使用什么样的渠道，沟通的第一个问题必须是"这一信息是否在接收者的接收范围之内？他能否收到？他将如何理解？"

2．沟通是一种期望

在进行沟通之前，了解接收者的期望是什么非常重要。只有这样，才可以知道是否能利用他的期望来进行沟通。人们的心智模式会使他们强烈抗拒任何不符合自己期望的企图，出乎意料的事情通常是不易被接受的。

3．沟通产生要求

一个人一般不会做不必要的沟通。沟通经常伴随着要求，要求接收者成为某种人、完成某件事情或相信某种理念，也经常伴随着激励。换言之，如果沟通能够符合接收者的期望、价值与目的的话，它就具有说服力，如果沟通违背了接收者的期望、价值与动机，则不太会被接受，甚至受到接收者的抗拒。

4．信息不是沟通

沟通以信息为基础，但和信息不是一回事。例如，某公司年度财务报表中的数字是信息，但在每年一度的股东大会上董事长的讲话是沟通。当然，这个沟通是建立在年度财务报表中的数字之上的。

信息不涉及情感、价值、期望与认知等，而沟通是在人与人之间进行的。信息是中性的，而沟通的背后都隐藏着目的。正是由于传递者和接收者的认知与意图不同才使沟通变得丰富多彩。尽管信息对于沟通来说必不可少，但信息过多也会阻碍沟通，更会让人无所适从。

总之，彼得·德鲁克提出的有效沟通的 4 个原则可以归纳为 4 个"简单"问题：一个人必须知道说什么；一个人必须知道什么时候说；一个人必须知道对谁说；一个人必须知道怎么说。

二、如何进行有效沟通

（一）换位思考

换位思考是一种思考问题的方式和方法。它强调沟通要从对方的角度出发，重视对方想了解的内容，尊重对方，保护对方的自尊心。也就是说，要站在对方的立场上去进行沟通，如图1.9所示。

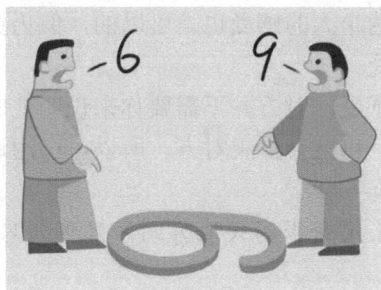

图 1.9　换位思考

沟通是一种互动的行为，有效沟通必须促使对方做出积极的反应。换位思考强调站在对方的角度来考虑问题、开展沟通，这样更可能引导对方做出积极的反应。换位思考既然是站在对方的立场上去组织沟通，当然也就可以使沟通更有说服力。此外，换位思考也能使人建立起良好的信誉，而良好的信誉正是商务沟通或商业活动必不可少的基础。

1. 语言表达上的换位思考

语言表达上的换位思考包括如下技巧。

（1）要谈及对方，而不是自己。沟通中对方最感兴趣和最想了解的，是他们在沟通中能得到什么或受到什么影响，这方面的信息对于对方来说是最具吸引力的。相反，即使说明自己做了什么，对方也未必能立即意识到与自己的关系，也就不会表示出很大的兴趣了。分析比较如下两个旅行网的业务员在吸引和说服消费者加入会员时的两种不同的沟通方式。

（缺乏换位思考的方式）我们与某旅馆签有协议，同意您入住时优惠20%。

（换位思考的方式）如果您是本网的会员，入住某旅馆便可优惠20%。

第一种表达方式尽管也用了一个"您"字，但强调的是沟通者自己做了什么，而不是对方能得到什么，让对方感到沟通者希望说明自己的慷慨与施舍，这是一种缺乏换位思考的方式。第二种表达方式采用了换位思考的沟通方式，强调了对方本身所享有的权利，自然更能激发对方的兴趣。

（2）注重对方的具体要求。商务沟通中涉及对方的要求、订单或其他商务文件时，要具体指明对方的要求，而不应泛泛地称之为"您的要求（或订单）……"当对方是个人或偶尔交易的小企业时，指明对方的具体要求会使沟通显得更加友好。如果对方是一家经常有业务往来的公司，则列出订单或发票的号码就更加有必要了。例如：

（缺乏换位思考的方式）您订的货物，我们已经安排……

（换位思考的方式）（对个人或小企业）您所订购的西班牙式餐盘……

（3）尽量少谈和不谈自己和对方的感受，而谈事实与结果。在大多数商务活动中，个人感受都是与公司业务无关的，应该略去。例如：

（缺乏换位思考的方式）我们很高兴地批准了您的 VIP 信用卡的申请。

（换位思考的方式）您的 VIP 信用卡的申请已经批准了。

对方总是从他们个人的角度和观点出发来关注沟通内容，他们并不关心别人在批准他的申请时究竟是高兴、厌烦，还是担心。在这种场合表露个人的情感是完全没必要的。但是，在贺信或慰问信中，表达个人的祝贺或同情等感受则是合适的。在内部的非正式沟通中，对某个项目或某件事表达个人的感受也是可以的，但仍要记住，对方的主要兴趣仍然是自身的问题而不是你的感受。

沟通中也不要谈对方的感受，对方并不需要你来说明他的感受是什么。如果你谈了对方的感受，但是又判断失误，可能会冒犯对方。所以，在沟通中谈论对方的感受是有风险的，也是没必要的。例如：

（缺乏换位思考的方式）您会很高兴地听到××牌××款轿车是达到"国六"排放标准的。

（换位思考的方式）××牌××款轿车达到"国六"排放标准。

（4）涉及正面内容的沟通时，要多用"你"而少用"我"。对于正面或积极信息的沟通，应当尽可能将叙述重点放在对方身上，而非你自己或自己的公司上。使用"我"字表明沟通者只关心自己个人的问题，并不关心组织和对方的问题和需求。当所叙述的内容包括对方时，用"我们"的效果比较好，不过，如果不包括对方，就不应使用"我们"。例如：

（缺乏换位思考的方式）我们为所有员工提供健康保险。

（换位思考的方式）作为公司的一员，你可以享受健康保险。

（5）涉及负面信息时，应避免用"你"，以保护对方的自尊心。当涉及负面或消极信息的沟通时，使用"你"字很容易使对方产生被指责、受攻击或被侮辱的感觉。

此时，一种处理办法是用对方所属群体的名词来代替"你"或"你们"。例如：

（缺乏换位思考的方式）你在代表本公司与其他任何单位签署合同前，都必须征得总经理的同意。

（换位思考的方式）本公司人员在与其他任何单位签署合同前，都必须征得总经理的同意。

另一种处理办法是采用无人称表达方式，不涉及任何具体的人，这样就可以避免指责之嫌，维护对方的自尊心。例如：

（缺乏换位思考的方式）你的计划中没有考虑到汇率变动的影响……

（换位思考的方式）计划中没有考虑到汇率变动的影响……

案例 1.8

为什么升职的是她而不是我

某天，王红气哼哼地跑到经理那里说不想干了，要辞职。

经理看着王红，问："为什么要辞职啊？你都来公司 5 年了。"

"经理，您也记得我来公司 5 年了，正因为我都来公司 5 年了，可我还是一个办事员，本以为您会念着我勤恳工作 5 年的份上能给我一个主管当当，可主管的位子却给了才来公司一年的张丽，这明显就是偏心！这 5 年来我不迟到、不早退，从来就没有什么差错，让刚毕业一年的张丽当主管我不服气，一年前我还是她师傅，很多事情还是我带她呢！"

经理平静地看着王红，说："哦，为这事啊，你先等下再谈辞职，先帮我办件事。美达华公司下周三要来公司洽谈合作签约的事情，你帮我问下他们这次来几个人。"

王红一听这么简单的事情，一分钟以后就回来了，"经理，他们这次来 3 个人。"

经理看着王红，继续问道："来的都是谁？他们预计几点到？"

"啊？你刚才也没让我问他们几点到啊，要不我再打个电话？"

经理示意王红先坐在沙发上，然后拿起电话打给张丽，"张丽，美达华公司下周三要来公司洽谈合作签约的事情，你问下他们这次来几个人。"

3 分钟后张丽进来了，向王红点个头后向经理汇报："经理，他们这次来 3 个人，分别是对方公司的副总、办公室主任、工程师，他们说下午 4:30 到火车站，我查了下当天好像有雨，我打算安排他们住在我们单位附近的凯瑞酒店（四星级），晚宴打算也安排在该酒店，事先帮他们预订了房间。因为下雨，我觉得我们该去接站，给对方一个好的合作印象。如果您同意，我现在就和酒店前台确认。另外，我已经把我自己的手机号告知对方的办公室主任了，也添加了对方微信，有任何变动会第一时间联络我。"

经理说了句"嗯，很好，你去安排吧！"之后，看了眼王红。

"经理，我不辞职了，我找到差距了，今后会努力的。"

"好的，我希望你工作更积极主动些，这么多年也该成长了，好好干吧！"

请思考

王红和张丽相比究竟差在哪里？经理对张丽的肯定，王红服气吗？为什么？

2. 语言表达以外的换位思考

商务沟通中，除了在语言表达上要求换位思考外，还需要站在对方的立场上思考问题，在沟通内容的选择、表达结构、写作风格等方面也都应当运用换位思考的方式，以获得更好的沟通效果。

（1）从对方的角度看问题，替对方着想。沟通者如果只关注自己的利益，就很难得到对方的支持，甚至难以引起对方的注意和兴趣，但如果站在对方的角度看问题，替对方着想，就可能获得双赢的结果。因此，站在对方的立场上看问题才是换位思考的核心内容。

（2）沟通内容的选择要换位思考。在选择沟通内容时，同样需要换位思考。站在对方的角度考虑，每次的沟通内容既要完整，又不能信息量过大，否则不易被对方接受和消化。如果一篇文章所涉及的信息量过大，就应考虑将一部分细节放在附录中。对于对方可能存在的疑问应当做出解答；相反，如果沟通中涉及对方没有考虑过的问题，应当阐明其重要性。

（3）沟通结构的组织要换位思考。在确定沟通中表达的结构和写作风格时，站在对方的角度看问题就应做到：①介绍的重点是对方最感兴趣的内容；②对其他沟通材料的组织和陈述应当根据对方的需要，而不应依据自己的看法来处理；③表达应当尽量有层次，并采用小标题或等级格式的形式，帮助对方迅速抓住沟通中的要点。

如果用上述换位思考的方式来组织整个沟通过程，将使沟通变得更清晰，使对方更明白、更易懂，给对方的印象会更友善，自然也更容易被对方接受。

概括起来，换位思考是一种沟通风格，是换一个角度来看待问题的做法。很多时候，解决问题的方法并不是依据某种理论，而是换个角度看待问题。在与对方沟通的过程中，应尊重对方的需要，在向对方提问前就想到对方会如何回答这类问题，然后再决定如何进行沟通，这种换个角度看待问题的思路有利于克服沟通中的障碍，实现有效沟通。

（二）强调对方利益

1. 强调对方利益的必要性

沟通需要激发沟通对象的兴趣。如果对方对沟通议题和内容本身不感兴趣，沟通是难以取得效果的。激发对方沟通兴趣的最好办法就是强调对方从沟通中能得到的利益或受益之处，或简单地称为受众利益。以对方可能得到的利益来激发对方对沟通的兴趣，引导对方参与沟通，促使沟通得到预期的结果。

沟通中强调受众利益，可以避免因对方没有想到从沟通中可能得到的所有可能的利益或好处，或者因对方没有理解付出的努力、得到的结果与可能获得的回报之间的关系，而缺乏沟通兴趣的情形，也就是说，事先主动地克服了沟通可能出现的障碍。

人们往往错误地认为，只要强调某种特色就能够激发沟通对象的兴趣，试图用自己看来独特而迷人的特色来吸引沟通对象。部分企业试图通过向客户展示技术或设计的新颖性来吸引客户。实际上，客户很可能认为现有的产品对他们来说已经足够完美了，于是对某项新技术根本不感兴趣。但是，任何一个客户对于能使他们的业务节省成本、节省时间和提高销售额的方法、产品和系统都是感兴趣的。因此，激发沟通对象感兴趣的有效手段应当是强调他们从中能够得到的利益，而不是强调某种特色或内容。

2. 确定沟通时应强调的受众利益

分析沟通对象可能的受众利益时，可能很难确定对方从沟通中能得到多少利益，或者很难判断对方从中可能得到的受众利益的种类。这时要确定受众利益并不容易。但是，无论上述哪一种情形，沟通者都需要强调对于受众而言有价值的、有效的且沟通者容易提供的受众利益。为此，沟通者首先需要挖掘沟通对象各种可能的受益处，然后从中进行选择，决定究竟应强调哪一项利益。

3. 准确描述沟通对象的可能利益

有时，人们可能并未考虑过得到某些利益对于他们来说意味着什么；有时，人们也可能并不了解努力、绩效和回报之间的关系。因此，在沟通中强调受众利益的作用可以促使人们以更积极的态度参与沟通，同时也激励人们更努力地采取行动，去争取成功，这样做也能使沟通者本身更容易达到自己的目标。

案例 1.9

打印费由 1 元/张降到 0.2 元/张

张天从工作岗位离职后到陕西某高校脱产读 MBA（工商管理类硕士研究生），由原来有工作收入的白领变成"穷"学生，处处感到用钱的地方很多。由于上课、考试时经常要用到主讲老师的课件，因此需要一大笔打印费，作为班委之一，张天思考着应如何节省开支。他问遍了研究生楼里的几家打印店，都是打印 1 元/张，复印 0.2 元/张。

经过一天的观察后，他找到了一个来自山东的打印店小伙，准备和他合作。小伙的店在公寓楼里比较靠里的位置，不太显眼，并且因为没钱租独立店铺，小伙只能租用小卖部的一部分空间，如果不仔细看还真看不出这里能打印，因此生意也比较冷清。

张天先表明自己的身份，然后说起班上共有 60 名学生，一学期大约有八九门课，一门课的课件至少要用到 60 张 A4 纸，除去纸张成本，至少不会让小伙亏钱，而且表示会利用自己在学校担任部门干事的身份帮小伙揽其他生意。

两个人的交谈逐渐深入，山东小伙也很实在，觉得有钱可赚，就主动将打印费从 1 元/张降到 0.5 元/张，再降到 0.3 元/张，最后同意降到 0.2 元/张。

第二天，当张天将打印课件费用由 1 元/张降到 0.2 元/张的消息公布后，同班同学集体鼓起掌来！

请思考

为什么张天筛选后决定去找山东小伙谈合作？张天和山东小伙沟通中的共同利益点在哪儿？为何打印费能从 1 元/张降到 0.2 元/张？你觉得要求降到 0.1 元/张的话，小伙会同意吗？为什么？

猜一猜

看如图 1.10 所示的图片，你首先看到了什么？然后看到了什么？

图 1.10　心理学图片

（三）尊重对方

沟通中的语气直接反映了沟通者对待对方的态度。如果与上司沟通，一般都会注意到礼貌和尊重；但是与下属、同事或陌生的客户沟通时，沟通者很可能会带有优越感，语气粗鲁或者冷漠，会显得盛气凌人，让对方无法接受。美国著名的商务沟通专家基蒂·洛克认为，商务沟通的语气应当是"专业但不僵硬，友善但不虚伪，自信但不傲慢，礼貌但不卑微"。具体而言，在把握沟通语气方面要注意以下几点。

1. 避免使用不恰当的语气

商务沟通是一种互动性活动。只有尊重对方，让对方感到自己被认可、被承认和被接受，他才有可能做出积极的反应，同意或接受沟通者的意见；反之，对方在心理上就会产生排斥情绪，沟通就会失败。最容易让对方产生排斥情绪的就是沟通时独断、粗鲁或冷漠。

带有自我优越感的典型情形是在沟通者的语气中体现出自己是博学、合格胜任且强有力的，而对方是无知、不合格胜任且软弱无力的。带有自我优越感的人常常表现为自夸、充当事后诸葛亮、奚落对方或者以行话和专用术语将圈外人士排斥在外。

独断和粗鲁表现为不容别人怀疑和质问自己的观点，不愿接受其他观点，表现得自己对任何事情都在行，喜欢下结论等；冷漠表现为对他人的存在、重要性、情感和愿望的漠不关心，不承认他人的感情或观点。这种人对他人的态度常常是"你的观点是错的"或"你不懂"。

不管是带有自我优越感、独断、粗鲁的语气还是冷漠的语气，都会使对方产生一种排斥感。这种排斥感会在沟通双方之间形成障碍，进而使对方拒绝接受沟通者的观点、意见和建议，结果就是沟通失败。沟通中只有讲礼貌，尊重对方，才能消除对方的排斥感，并接受沟通者，从而认真地倾听沟通者所提供的信息，最终接受沟通者的观点、意见和建议。

2. 注重礼节

（1）讲礼貌。在商务沟通中，上司与下属打交道的时候最容易忽视讲礼貌和尊重对方。许多上司经常对下属采用傲慢和盛气凌人的命令语气，习惯发号施令，指手画脚。其实，在与下属沟通时，采用这样的方式更会使下属产生排斥感。所以，特别要注意与下属沟通时讲礼貌，尊重对方。

首先，要坚持平等相待。沟通既然是一种双向交互行为，结果自然具有灵活性。只有沟通双方主动、自由地表达自己的观点，积极参与解决方案的探讨，沟通才可能有创造性的结果。如果对下属只是发布命令，要求下属按自己的意愿办事，沟通的效果可能就只剩下一半了。上下级之间尽管在职位和职权方面存在差异，但在需要用沟通来解决的问题上应当具有同样的发言权。在沟通过程中，上下级之间其实是一种合作关系，只有上司平等对待下属，才有可能实现双向沟通。所以，上司在与下属沟通时应尽量采取平等相待的态度。

其次，要相信下属，相信下属的创造性和工作主动性。上司作为一个沟通者，在与下属沟通时必须承认下属在很多情况下也可能有新思路、新资料和新办法，他们也可能提出解决问题的新方案。所以，上司与下属沟通时，采取真诚谦虚的、对观点开放的态度是绝对有必要的。这种谦虚绝对不是虚伪，这种开放可以使人避免高傲。

（2）绝对避免表现出愤怒。很多人在受到刺激后，会在沟通中表现出愤怒的情绪。讽刺、羞辱、感叹，甚至发一通脾气，这些都是愤怒的表现形式。其实，在多数情况下，在愤怒时传递的相关信息充其量只能让传递信息的人释放出心中的怒气而已，不大可能就传递信息的内容达成一致，很难达到沟通的目的，却可能损害双方之间的友好关系，影响以后的业务活动。事实上，人们在愤怒时是无法进行任何有效沟通的，坚持向对方表现出愤怒的情绪必将导致以后某个时候为自己的冲动感到后悔。商务人员必须有足够强的制怒能力，始终坚持等到自己冷静下来以后再进行必要的沟通。如果处于愤怒的情绪之中，是不可能做出任何有效沟通的。

（3）避免歧视。商务沟通活动必须维护良好的信誉，做到公平、友好和守法。这就必须采用非歧视的语言。非歧视的语言指沟通中不以性别、身体特征、种族、年龄或其他任何标准为依据对某些人表示歧视。商务沟通中必须保证语言中不带性别、种族、年龄等方面的歧视。

在语言上要避免性别歧视，就应当避免使用那些暗示性别差异的工作头衔。如果使用像会计师、银行家、医生、工程师、经理、护士、秘书等中性的工作头衔，就可以让对方避免产生性别歧视的感觉。在通常的商务沟通中，使用女经理、女律师、女推销员、女招待等称呼常常是不合适的。

在书面沟通的情形中，如果知道对方的姓名和性别，用称谓时应当避免提及婚姻状况，对男性一律称先生，对女性一律称女士。在对方的姓名和性别均一无所知的情况下，如果称谓错误，不仅会令人产生被歧视的感觉，而且会让人感觉非常失礼。此时为了避免错误，可以直接写对方的职位或工作头衔，如"尊敬的销售部经理"；也可以直接写对方所属的群体，如"尊敬的各位参展商"。

为了避免种族和年龄歧视，商务沟通中应当采用不含种族和年龄歧视的语言，即采用针对所有种族和各个年龄段对象的语言。

在与残疾的或者身患疾病的人士进行商务沟通时，不要提及他们的身体状况，避免使他们产生被歧视的感觉。

【知 识 检 测】

一、填空题

1. 沟通是指人与人之间进行_____和_____的过程。
2. 正常的沟通是个人身心健康的一个重要保障，这可以从沟通的_____中看出来。
3. 在进行沟通之前，了解接收者的_____是什么非常重要。

二、判断题

1. 沟通是"我说给你听"，即我是说话者，你是听话者，我发出一项信息，并传递给你，你收到信息后，把它"译解"，然后采取令我满意的行动。（　　　）
2. 沟通是人与人之间传达思想、观念或交换情报、信息的过程，也就是"你说给我听"加上"我说给你听"，以求得相互了解，并彼此达到某种程度的理解。（　　　）
3. 人是社会性的生物，沟通是其特有的需求，如果人的这种需求得不到满足，就会影响人的身心健康。（　　　）

4．沟通以信息为基础，所以沟通和信息是一回事。（　　）

三、单选题

1．根据沟通的定义，下列选项中属于沟通的内涵的是（　　）。

    A．沟通是"我说给你听"   B．沟通是"我听你说"

    C．沟通是"通"彼此之"理"   D．与他人沟通，"通"是基础

2．除选项（　　）外，下列功能均能反映出正常的沟通对个人身心健康有益。

    A．协调   B．保健

    C．形成和发展人的社会心理   D．提高工作效率

四、多选题

1．沟通的作用包括（　　）。

    A．沟通是个人身心健康的保障   B．沟通是社会交往的需要

    C．沟通是提高工作效率的关键   D．人际交往的木桶效应

2．有效沟通的原则包括（　　）。

    A．沟通是一种感知   B．沟通是一种期望

    C．沟通产生要求   D．信息不是沟通

【综合实训】

综合实训一　排队游戏

1．实训内容和要求

形式：将全班学生分组，14～16人一组，各组选一个组长。

时间：30分钟。

材料：眼罩。

场地：教室。

（1）请每位学生戴上眼罩。

（2）给每位学生分配一个编号，但这个编号只有本人知道。

（3）请各小组根据每人的编号，按从小到大的顺序排列成一条直线。

（4）整个训练过程中，任何人都不能说话或摘下眼罩，只要有人说话或摘下眼罩，即宣告游戏结束。

通过训练了解当环境及条件受到限制时，你要怎样去改变自己，用什么方法来解决问题。

（1）你用什么方法告知小组其他成员你的位置和编号？

（2）在沟通中你遇到了什么问题？你是怎么解决这些问题的？

（3）你觉得还有什么更好的方法来进行这样的沟通吗？

2．实训验收

由各组长组成的评议组和教师对学生的表现打分。

项　目	分　值	各组长评分（40%）	教师评分（60%）	实 际 得 分
沟通效果	30分			
团队合作能力	30分			
遵守规则	20分			
耗用时间	20分			
合计	100分			

综合实训二　换位思考

1．实训内容和要求

假设你是商场营业员，请用换位思考的方式回答并解开顾客的以下疑虑。

顾客：这款手机的功能真是强大，设计也非常棒，但是体积大了点儿。

顾客：我今天只是随便转转的，没带钱。

顾客：别人都说你们的油烟机噪声很大。

顾客：这个产品别的方面还不错，就是包装粗糙了一点儿。

顾客：这个皮包的设计、颜色都非常棒，令人耳目一新，可惜皮的品质不是最好的。

顾客：这个衣服太贵了。

顾客：没听过这个牌子。

2．实训验收

由全班同学和教师为每位同学打分。

项　目	分　值	同学评分（40%）	教师评分（60%）	实 际 得 分
语言表达能力	20分			
换位思考能力	30分			
礼仪规范	30分			
符合身份	20分			
合计	100分			

项目二 语言沟通艺术

❓ 知识目标

1. 理解倾听的概念、分类和作用
2. 掌握口头沟通的概念和基本要求
3. 理解演讲的特点和类型
4. 掌握命题演讲的基本要求和即兴演讲的技巧

📋 能力目标

1. 掌握有效倾听的技巧
2. 掌握基本的口头沟通技巧和语言艺术
3. 掌握演讲技巧的要点

情景剧导入

倾听的重要性

人物：国王、大公主夫妇、二公主夫妇、小公主夫妇。

旁白：在很久很久以前，有一个国王。他把他的国家治理得非常好，百姓们丰衣足食，安居乐业，十分幸福。国王有 3 位美丽可爱的小公主，小公主们从生下来就具有一种神奇的魔力，当哭泣的时候，她们落下的眼泪（见图 2.1）会化为一颗颗晶莹剔透的钻石，价值连城。

图 2.1 公主的眼泪

有一天，国王发觉自己年事已高，自己的国家还没有人可以托付，公主们也没人照顾，于是昭告天下：

"众所周知，我有 3 位公主，她们每个人都拥有举世无双的美貌，而且她们的眼泪可以化作昂贵的钻石。1 个月后，我将召集所有优秀的单身男士，让她们从中挑选自己心仪的丈夫，被选中的人将有机会继承我的王位和财富！"

1 个月后，国王的城堡里挤满了来自世界各地的王子、骑士和富豪之子。一个个都是英俊潇洒、气宇不凡。

正午时，国王带着3位公主来到宫殿。为了表示对远道而来的客人的欢迎，大公主为众人唱了一首歌，嗓音清澈、犹如天籁；二公主为众人跳了一支舞，步伐轻盈、身段美妙；而最年幼的小公主，对着众人浅浅一笑，就躲在国王的身后再也不肯出来。国王尴尬地解释道："请大家不要介意，小公主生下后就没有说过话，很怕生人。"

为了博取公主们的青睐，大家纷纷展示了自己的长处，有的当场写诗作画送给大公主，有的为二公主表演剑法和马术，有的拿出世间少有的奇珍异宝献给小公主。大公主和二公主都很开心，也渐渐有了自己的决定，只有小公主依然躲在国王的身后。大公主最后选择了一个王子，那个英俊的王子对她许诺说："嫁给我吧！我会为你征服全世界，并在每座城堡上刻上你的名字。"

二公主最后选择了富豪之子，那个聪明的男孩对她保证说："亲爱的，我会赚很多钱，为你建造一座世界上最华丽的宫殿，里面摆满美丽的奇珍异宝。"

小公主平静地看着这个、望望那个，最后还是摇了摇头。正在国王准备宣布结束时，从人群中走出一个年轻憨厚的牧羊人，他径直走到小公主跟前，在她耳边说了一句话。小公主忽然笑得很灿烂，毫不犹豫地挽住了牧羊人的手。

就这样，3位公主都有了自己的伴侣。5年过去了……

大公主的丈夫用她的眼泪变成的钻石招兵买马，四处征战，百战百胜，每一座被他征服的城堡上全都刻上了大公主的名字。大公主自豪地说："所有的城堡都是我的，我太幸福了！"

二公主的丈夫用她的眼泪变成的钻石作为做生意的资本，生意越做越大，很快，就积累了海量的财富，虽然还没有建造出世界上最华丽的宫殿，但是二公主已经很心满意足了。她自豪地说："我的宫殿越来越大，以后还有更大的，我太幸福了！"

小公主自从跟着牧羊人离开国王的城堡后就开始周游世界。后来他们找到一个山清水秀的世外桃源定居下来。傍晚的时候，他们会坐在湖边钓鱼，或者数星星。他们一直很穷，但是每天笑声不断，生活得非常开心。小公主渐渐地开始开口说话，但只对牧羊人说，天上的云彩，河里的鱼，树上的鸟窝，头上的蝴蝶，什么都说，一天到晚说个不停。牧羊人常常坐在湖边，安静地听她讲故事，一直到小公主讲着讲着累得睡着了，就把她抱回房间。

某天，国王病危，他派人找回了3位公主和她们的丈夫。他惊讶地发现，小公主夫妇穿着干净整齐却打满补丁的衣服，他好奇他们为什么这么贫穷，要知道，小公主随便一滴眼泪就足够买一家大的服装店。牧羊人说："尊敬的国王，我们之所以穷，是因为我从来不让她哭泣，尽管我们不富裕，但我们非常开心。"国王立刻决定，把王位传给牧羊人。

也许每个人对于幸福都有自己的理解，答案从来都不是唯一的。但是只有牧羊人懂得什么是珍惜。国王问小公主："当年牧羊人跟你说了什么话？"小公主说："他在我耳边说，即使你的眼泪可以化作最昂贵的钻石，我宁愿贫困潦倒一生，也不许你哭。"

最珍贵的眼泪，不是能化作钻石的眼泪，而是不会落下的眼泪，因为珍惜你的人，愿意聆听你的每句话，不会让你哭。

【分析】

1. 究竟什么是幸福，有统一标准吗？
2. 你觉得情景剧中的3位公主谁最幸福？
3. 倾听的作用是什么？如何更有效地倾听？

任务一　听　的　艺　术

一、倾听的概念和分类

（一）倾听的概念

商务沟通中需要区分"听到"和"倾听"两种不同的概念。听到是指人的感觉器官对声音的生理反应，人们借助耳朵就能够听到别人说话，这是一种机械的、被动的结果，通常并不需要人们付出特别的努力。倾听，属于有效沟通的必要部分，以求思想一致和感情通畅。倾听有狭义和广义之分，狭义的倾听是指凭借听觉器官接收言语信息，进而通过思维活动达到认知、理解的全过程；广义的倾听还包括文字交流等方式。倾听的主体是听者，而倾诉的主体是诉说者。两者配合好有排解矛盾或宣泄感情等作用。倾听者作为真挚的朋友或辅导者，要虚心、耐心，带着诚意和善意为诉说者排忧解难。由此可见，倾听不局限于听到别人所说的话，还要同时接收和理解别人的手势、姿态、面部表情等信息，洞察人们的思想和感情。因此，倾听就是指能认真地听、积极地听，并能听懂别人所讲的话的能力。倾听需要人们集中注意力，全身心投入。

（二）倾听的分类

根据人们在倾听时投入程度的不同，倾听可以分为随意地倾听、敷衍地倾听、专心地倾听和全神贯注地倾听。

1．随意地倾听

人们在多数社交场合中的倾听是随意地倾听，如图 2.2 所示，此时人们只关注自己需要的信息，即感兴趣的听，不感兴趣的直接忽略。

图 2.2　随意地倾听

2．敷衍地倾听

敷衍地倾听是指表面上看似在倾听，偶尔也可能略有回应，但其实听者心不在焉，仅仅敷衍了事，如图 2.3 所示。就如同某些学生上课时看似在听讲，其实脑子在想着好玩儿的事情。

图 2.3 敷衍地倾听

3. 专心地倾听

专心地倾听是指不仅确实能听到对方的话，而且能复述对方的话，但是也不一定能理解对方的本意和真实的意思，如图 2.4 所示。

图 2.4 专心地倾听

4. 全神贯注地倾听

只有全神贯注地倾听才能真正"听懂"对方的意思，正确理解对方的观点和感受，如图 2.5 所示。沟通过程中的倾听是一种能力。要"听懂"别人所说的话的意思，需要利用逻辑思维和所掌握的知识对信息进行分析加工，这需要通过学习才能掌握。

图 2.5 全神贯注地倾听

二、倾听的作用

倾听是商务沟通的重要组成部分，有效地倾听能帮助人们从别人的理念、思维模式和思考途径中获得自己所需要的东西。积极地倾听实际上就是倾听者思想和说话者思想的交融过程。倾听过程中，倾听者可以不断理清自己的思维。不同思想的交汇也是产生灵感的有效途径。当倾听到的新思想与自己原来的思想发生撞击而产生新的思想火花时，倾听者就可能产生创造性的思维活动。相反，一个缺乏倾听能力的人是无法与他人共同工作和生活的。倾听的作用体现在以下几个方面。

1．倾听对他人是一种鼓励

倾听能激发对方的谈话欲，说话者只有感到自己的话有价值，才乐意说出更多有用的信息，因此，好的倾听者会使说话者的思维更加活跃。当别人感觉到你在以友好的方式听他讲话时，他会全部或部分地解除心理戒备，并反过来更有效地听你讲话，更好地理解你的意思。

2．倾听可以改善关系

认真倾听通常能改善人们的关系，能给说话者说出事实、想法等心里话的机会。倾听的时候，倾听者将能更好地理解说话者，而对说话者的讲话感兴趣也会使说话者感到愉快，从而改善双方的关系。

3．倾听可以获取重要信息

通过倾听，可以了解对方要传达的消息，理解对方的感情，并据此推断出对方的性格、目的和诚恳程度。倾听是获取信息的重要方式，所以有人说，一个随时都在认真倾听别人讲话的人，可在闲谈之中成为一个信息的富翁，这可以说是对古语"听君一席话，胜读十年书"的一种新解。

4．倾听可以锻炼自身能力和掩盖自身弱点

通过仔细倾听，可以削弱对方的防卫意识，增加认同感。倾听者可以训练推己及人的心态，提高思考力、想象力和客观分析能力。

5．倾听可以调动人的积极性

善于倾听的人能及时发现他人的长处，并创造条件让其长处得以发挥作用。倾听本身也是一种鼓励方式，能提高对方的自信心和自尊心，加深彼此的感情，激发对方的工作热情和负责精神。

6．倾听使人善言，能更有力地说服对方

只有多倾听才能善言。可以想象，如果在对方发言时你就急于发表自己的意见，根本无心思考对方在说些什么，甚至在对方还没有说完时就在心里盘算如何反驳，那么交流是难以合拍的。只有多倾听才能更好地说服别人，因为你能从对方的讲话中发现对方的弱点，从而找到说服对方的理由。你的认真倾听会让人感到你充分考虑了他的需要和见解，觉得增加了对他认同的可能性。

7．倾听有助于解决问题

（1）积极倾听可使管理者做出正确决策，尤其对于缺乏经验的管理者来说，倾听可以

减少错误。

（2）仔细地相互倾听对方说话是解决异议、处理问题的最好办法。这并不意味着他们必须相互认同对方的观点，而只需表明他们理解对方的观点即可。

（3）仔细倾听才能为对方解决问题。

三、倾听的过程

倾听是一个能动的过程，是一个对感知到的信息进行加工处理后能动地反映自己思想的过程，这个过程大致可分为感知、选择、组织、解释或理解 4 个阶段。这 4 个阶段相互联系、相互影响，任何一个阶段出现问题，倾听都可能是无效的。

1．感知信息

听只是一种涉及听觉系统的生理过程，而倾听是一种对他人整体的更加复杂的知觉过程，需要同时理解口头语言和非口头语言所传达出的信息。听的效果依靠听觉，但倾听的效果却是各种因素的综合。

2．选择信息

并不是任何信息都能为人们所接受，人们总是对部分信息表现出特别的关注和感兴趣，同时又忽视另外一些信息。虽然人们能按某种特定的方式集中注意力，但注意力集中的范围是有限的。通常情况下，人们对 20 秒以内的信息能完全集中注意力，之后注意力将非常容易分散。事实上，注意力的集中能力与是否容易厌烦有紧密联系。

3．组织信息

在倾听过程中，当决定注意某些信息时，就会对信息进行组织加工，包括识别、记忆、赋予信息含义等一系列过程。人们将杂乱无章的信息分门别类，集中储存起来，对那些过于简略的信息进行扩充，对过于冗长的信息进行浓缩，使它们成为自己拥有的知识和经验的一部分。虽然人们不可能记住所有的语言信息和非语言信息，但对于那些重要的信息，人们会想方设法地将其储存在自己的大脑中，常用的方法之一就是记笔记，再反复翻看笔记。

4．解释或理解信息

对于收集、过滤后的信息，人们会调动大脑储存的知识和经验，通过判断和推理获得正确的解释或理解。在这一阶段，人们对信息进行评价，用自己的知识和经验来衡量对方所说的话，或者质疑说话者的动机和观点。在理解说话者所表达的词语的同时，人们也赋予说话者的腔调、手势、表情等一定的含义。

倾听必须以听为基础，但它是一种特殊形态的听。

（1）它是人主动参与的听。人必须对声音有所反应，或者说，在这一过程中人必须思考、接收、理解，并做出必要的反馈。

（2）它必须是有视觉器官参与的听。没有视觉器官的参与，闭上眼睛听或只用耳朵听都不能称为倾听。在倾听的过程中，必须理解别人在语言之外的手势、面部表情，特别是眼神和情感表达方式。

（3）在倾听过程中，不仅要听到对方所说的话，还要考虑不同的重音、声调、音量、停顿等因素。例如，说话者适当地停顿，会给人一种谨慎、仔细的印象，但过多地停顿会给人一种急躁不安、缺乏自信或不可靠的感觉。

（4）说话的音量不同也会让人区分出说话者愤怒、吃惊、轻视、怀疑等不同的态度。

四、有效倾听的技巧

有效倾听既是一种技巧，又是一个极富警觉性与极费心思的过程。特别是在面对面沟通过程中，倾听者要做到"耳到""眼到""心到""脑到"。所谓"耳到"，就是要集中注意力把说话者所说的每句话都听清楚。所谓"眼到"，就是要用眼睛去观察对方的表情、眼神、手势、体态、穿着等，以判断其口头语言的真正含义。所谓"心到"，就是要以换位思考的态度，站在对方的立场与角度体会其处境与感受。所谓"脑到"，就是要用大脑去分析对方的动机，以便了解其口头语言是否话中有话、有弦外之音。

案例 2.1

弦外之音

（1）甲："这是我最喜欢的书，你喜欢吗？"

乙："很有意思。"

（2）甲："你上哪儿去？"

乙："出去一趟。"

（3）甲："你跟我去趟商店好吗？"

乙："我的自行车坏了。"

（4）甲："王琦真是有点滑稽，你瞧她穿的那条裤子，有两个大洞了，她还不知道呢！"

乙："今天特别热，有 36℃，不是吗？"

请思考

上面几段对话的弦外之音（图 2.6 所示也是一个类似案例）是什么？你是根据什么判断的？

图 2.6　弦外之音

---

1. 以开放的心态和积极的态度倾听

一个有效的倾听者，常常会在倾听过程中思考以下问题：说话者谈论的主要内容和观点是什么？采取了什么样的表达方式？哪些内容和观点对自己有借鉴价值？从说话者身上能够学到什么？这些问题能够帮助倾听者在倾听过程中学到很多东西。但遗憾的是，人们在倾听时总是以自己的好恶进行取舍，只愿意听自己感兴趣的，而对自己不感兴趣的往往充耳不闻。因此，为了提高倾听效果，在倾听时，倾听者既要保持良好的精神状态，又要以开放的心态和积极的态度去倾听，这样不仅能够倾听到谈话的主要内容和观点，而且能够很容易地跟上说话者的节奏。

案例 2.2

经理尝"汤"

经理为了显示他对员工生活的关心，突查单位食堂。在食堂里，他看见两个炊事员站在一个大汤锅前。

"让我尝尝这汤！"经理向炊事员命令道。

"可是，经理……"其中一个炊事员正准备解释。

"没什么'可是'，给我勺子！"经理拿过勺子喝了一大口，怒斥道："太不像话了，怎么能给员工喝这个？你们被开除了！"

"我正想告诉您这是刷锅水，没想到您已经尝出来了。"这个炊事员答道。

请思考

经理为什么会犯这样的低级错误？这个事例告诉了我们一个什么道理？

2. 注视对方的眼睛

眼睛是心灵的窗户。一个细心、敏感的倾听者会适当注视对方的眼睛，保持与说话者的目光接触，如图 2.7 所示，而不是看窗外、天花板或对方肩膀后面。如果直视对方的眼睛很困难的话，也可以注视对方的眼睛周围，如发际、嘴、前额、颈部等，表示"我在全神贯注地听你讲话"。

图 2.7 注视对方的眼睛

想一想

和他人交谈时,要根据谈话对象的不同,盯着对方的三角区。你知道三角区是什么吗?

3．了解对方的看法

倾听时可以不同意对方的看法,但至少要认真听,点头并不时地说"原来如此""我本来不知道"等,鼓励对方继续说下去,说不定对方正确而自己错误。如果不给对方机会,也就永远不知道对不对了。

案例 2.3

假日酒店

1951 年,威尔逊带着母亲、妻子和 5 个孩子开车到华盛顿旅行,一路所住的汽车旅馆房间矮小,设施破烂不堪,有的甚至阴暗潮湿,又脏又乱。几天下来,威尔逊的老母亲抱怨说:"这样的旅行度假,简直是花钱买罪受。"善于思考问题的威尔逊听到母亲的抱怨,又通过这次旅行的亲身体验,受到了启发:我为什么不能建一些方便汽车旅行者的旅馆呢?经过反复琢磨,他暗自给汽车旅馆起了一个名字——"假日酒店"。

想法虽好,但没有资金,这对威尔逊来说的确是最大的难题。他想募股,但别人没搞清楚假日酒店的模式,不敢入股。威尔逊没有退缩,心中只有一个念头,必须想尽办法,首先建造一家假日酒店,让有意入股者看到后,放心大胆地参与募股。具有远见卓识且敢想敢干的威尔逊冒着失败的风险,果断地将自己的住房和准备建旅馆的地皮作为抵押物,向银行贷款 30 万美元。1952 年,也就是他举家旅行的第二年,终于在美国田纳西州孟菲斯市夏日大街建起了第一座假日酒店。5 年以后,他将假日酒店开到了国外。

请思考

你认为威尔逊成功的原因是什么?

4．使用开放性的动作

人的身体姿势会暗示出对说话者的态度和兴趣,自然、开放的姿势代表着接受、容纳、尊重与信任。恰当的肢体语言,如用手托着下巴等,会显示出倾听者的态度诚恳,让说话者感受到倾听者的支持与信任,如图 2.8 所示。

图 2.8　开放性动作

5．及时给予动作和表情反馈

有效的倾听不仅会使倾听者对听到的信息表现出兴趣，而且使倾听者能够利用各种说话者能理解的动作与表情及时给予响应和反馈。例如，用赞许性的点头、恰当的面部表情与积极的目光接触，向说话者表明自己在认真倾听；用皱眉、迷惑不解等表情，向说话者提供准确的反馈信息以利于其及时进行调整。

6．学会复述

复述是指用自己的话来重新表达说话者所说的内容。有效的倾听者常常使用这样的语言进行复述："我听你说……""你是否是……意思？""就像你刚才所说的……"等。之所以要重新表达说话者所说的话，是因为：首先，它是核查你是否认真倾听了的最佳监控手段，如果你在走神或者在思考你接下来要说的内容，那肯定不能准确复述完整的内容。其次，它是能检验精确性的控制机制。用自己的语言复述说话者所说的内容，并将其反馈给说话者，可以检验自己理解得是否准确。最后，复述对方说过的话，既表达了对说话者的尊重，又能够利用对方的观点来说出自己的想法。这样，倾听者不仅能够赢得说话者的信任，而且能够找到合适的沟通语言，从而拉近彼此之间的距离。但需要注意的是，复述如果运用不当将被看成是对说话者的不信任。可见，复述需要掌握技巧，如运用表情、体态来说明你并非怀疑，而是想证实一下自己听到的与说话者所需表达的是否相符。

7．适时适度地提问

作为一个倾听者，尽管其主要任务在于倾听他人所说，但是，如果倾听者能以开放的方式询问相关事宜，成为谈话的主动参与者，将会增进彼此间的交流和理解，如图 2.9 所示。可以说，提问既是对说话者的一种鼓励，表明你在认真倾听，也是控制和引导谈论话题的重要途径。提问既有利于倾听者彻底掌握自己没有听到的或没有听清楚的事情，也有利于说话者更加有重点地进行陈述或表达。但需要注意的是，提问必须做到适时适度，多听少问，如果倾听者满脑子考虑的都是如何问问题，或问起来没完没了，那么这种提问就失去了应有的价值，还会引起说话者的反感和不满。

图 2.9　适时适度地提问

8．避免争论

沟通中难免会出现不同的认识和看法，当自己的意见和看法与别人不一致时，一定要学会控制自己的情绪，尽量抑制想争论的冲动，要有耐心，放松心情，一定要等对方把话说完，再表达自己的看法和见解。有效的倾听者不会随意打断对方的讲话，更不会轻易动怒或争论。要记住，倾听的关键是"多给别人耳朵，少给声音"，倾听是为了了解而不是反对或争论，如图 2.10 所示。

图 2.10　控制情绪，避免争论

任务二　说　的　艺　术

一、口头沟通

（一）口头沟通的概念

说的艺术即口头沟通的艺术。口头沟通具有沟通对象广泛和沟通形式灵活多样的特点，因此是应用最广泛的一种沟通形式。口头沟通的对象既可能是公司内的同级、上司或下属，也可能是公司外部的客户、其他商业机构、新闻媒体，甚至是政府有关部门的人员。口头沟通的方式既可以是一般的面谈，也可以是专题发言，甚至是发表正式演讲。

（二）口头沟通的基本要求

口头沟通要达到预期的目的，必须注意以下几个方面。

1．准备充分

进行口头沟通之前必须做好充分的准备。第一，要酝酿好口头沟通的内容。要明确哪些话先说，哪些话后说，说到什么程度，重点是什么，哪些话该说，哪些话不该说。对于采用什么方式来表达，也应该做到心中有数。第二，要做好运用非语言手段的准备。对于如何运用非语言手段来补充和完善口头表达的内容要有个初步的计划。

2．主题明确

书面沟通中，信函和报告要求主题明确。口头沟通中，不管是面谈、会议讨论发言还是演讲，凡是较正规的口头沟通都应当有明确的主题。主题不明确，交流就不能深入，如果沟通的受众只能感受到一大堆杂乱无章语言的刺激，就起不到沟通的效果。尽管在不太正式的口头沟通中，沟通内容和形式可以灵活多样一些，但主题应当是明确的。

3. 简洁生动

任何能进行有效沟通的语言都必须是清晰、准确、简明、完整、有建设性和有礼貌的。但在现实中，要在口头沟通中做到语言简洁生动，经常比书面沟通更加困难，因为口头沟通不像书面沟通那样可以反复修改。许多人在进行口头表达时往往烦琐拖拉、空话和废话连篇、语言呆板枯燥、用语隐晦等，结果，轻则对方觉得索然无味、不感兴趣，重则对方不得要领、一头雾水。口头沟通中所选用的语言一定要适合沟通的环境和场合，既要保证所使用的语言简明扼要、凝重有力、意味深长，又要保证表达富有活力、生动感人。

进行口头沟通时，即使是同一句话，用不同的语气、语调来表达，表达出的意思和取得的效果也会大相径庭。同一句赞美的话语，用平和而诚挚的语调说出来，会使人感到高兴和自豪；用阴阳怪气的语调说出来，会使人感觉到讽刺和挖苦。因此，语气、语调是口头沟通中特别需要注意的。

4. 谨慎，留有余地

口头沟通的形式往往是你一言我一语，便于双方迅速反应。如果一方事先考虑不周，很可能出现冒犯对方的情形，在对方心目中形成不良印象。因此，口头沟通中采取谨慎的态度是非常有必要的。在进行口头沟通前就应当根据对方的情况，估计对方会怎样理解，能否接受你的观点，能接受多少等，并由此决定说话的分寸。另外，说话一定要留有余地，不要把话说得太绝，要根据场合和对象的特点来决定措辞、语气和语调，点到为止。

5. 善于倾听

口头沟通并不仅仅局限于通过说话来表达自己的想法。有效的沟通是一个双向的交流过程。要达到沟通的目的，所说的话必须有的放矢。因此，沟通过程中一定要先听清楚别人所说的话，再表达自己的意思。要听清楚别人所说的话，不仅要听清对方的声音，而且要准确地理解对方所表达的意思。这就需要善于倾听，但要做到善于倾听并不容易。口头沟通中，讲话者既可能想明确表达自己的思想，又可能并不愿把真实意思明确表达出来，而将其隐藏在其他话语之中。因此，沟通双方不仅要用耳朵听清对方的声音，而且需要用心来听懂对方的真实意思。

二、口头沟通的技巧

（一）保持良好的神态

在面对面的口头沟通中，人们会从讲话者的语言和神态中来揣度真实意思。因此，说话时的神态也是口头沟通的重要手段之一。具体来讲，应注意以下 5 个方面。

1. 外表应干净整洁和适合环境

商务沟通中，外表会影响对方对你的看法、对你讲话的理解程度，对方甚至在听你讲话之前就可能已根据外表形成了某种看法。不合适的外表很可能会造成误解和偏见。商务沟通对外表的要求是保持干净整洁（见图 2.11）和适合环境，那种刻意地"追求时尚"或"保持正统"的做法都是不可取的。

图 2.11　整洁的外表

2．有良好的姿态

说话者的姿态会影响对方的情绪，并直接影响说话的效果。说话时，斜靠或没精打采的姿态会给人一种疲倦、厌烦和乏味的感觉，坐姿和站姿给人留下的印象也会大不相同。特别要注意避免因情绪和心理的原因造成失态，这将严重影响沟通效果。

如图 2.12 所示为正确的坐姿。

图 2.12　正确的坐姿

3．保持礼貌、友好和自然的态度

口头沟通时的态度容易受当时情绪的影响。无论如何，控制情绪，保持礼貌和友好的态度是有必要的，如图 2.13 所示。要做到这一点，关键是换位思考，站在对方的角度看问题，让自己体会对方的感受。这样，面对任何恼怒者时，也就不难保持礼貌和友好的态度了。

此外，无论是面对上司还是面对下属，态度都应当自然。对于对方来说，态度自然是可信和说服对方的基本条件。态度自然也体现了说话者的真诚。对于说话者本人而言，不自然的态度也表明说话者缺乏自信。

图 2.13　礼貌和友好的态度

4．保持机敏和愉快，富有激情

机敏能使人反应灵敏，愉快能使人语调动人，结果都能对对方产生更大的吸引力。说话时充满感情，富有激情，能大大增加说服力。要保持激情，自己就应该对所讲的内容充满兴趣，关心受众的感觉，并做到全身心投入。

5．保持目光接触和交流

说话者与倾听者之间保持目光接触，就表示了一种友好的愿望和重视对方的行为；说话时从不看对方就表达了对对方"不感兴趣"或"不喜欢"的感觉，或者传达了对自己"缺乏自信"或"把握不大"的信号。当然，目光接触要适度，既要避免目光不接触，也要避免目不转睛地凝视。

（二）提高声音质量

1．音调

音调高给人以细、尖、刺耳的感觉；音调低给人以粗犷、深沉的感觉。选择适当的音调对于保证沟通效果是至关重要的。

2．音量

音量大小要适合环境，主要由场地大小、受众人数多少、噪声大小 3 个因素决定。

3．语速

语速快给人一种紧迫感，对促使受众的理解是有帮助的，但长时间语速过快又会影响受众的理解。通常，在公共场合的语速要快于平时的语速；语速应随句子重要性的变化而改变；适当地停顿是有必要的，也是有用的。

4．语调

语调是音调、音量和语速的组合变化。语调的变化常常与说话者的兴趣和强调的重点密切相关。因此，撇开说话的内容不说，语调本身就可能会不自觉地流露出说话者的态度和感情，表现出喜怒哀乐。

（三）确保语言清晰和准确

1. 清晰

首先是思维清晰，说话者应能够清晰地表达自己的想法，条理性强、表达流畅、语言简洁；其次是所使用的词语要含义明确，是受众所熟悉的和容易理解的。

2. 准确

要保证用词能够精确地表达自己的意思，避免使用易引起争论或易产生歧义的语句，要求引用的依据或事实恰当、可靠，避免没有事实依据的评价。

三、口头沟通的艺术

1. 直言不讳

直言不讳是一种很简单的表达方式。在许多场合下，直言不讳又是一种很合适的表达方式。首先，直言是真诚的表现，是双方关系密切的标志；相反，委婉可能会造成双方心理上的阻隔感，产生一种"见外"的感觉。其次，直言也是说话者自信的表现，而自信是交往的必要基础。严重缺乏自信的人是很难与他人打交道的。在足够真诚和自信的情况下，直言不讳往往具有意外的效果。

不过，直言不讳不等于粗鲁和不讲礼貌。在采用直言不讳这一表达方式时，应当注意配合适当的语调、语速、表情、姿态等，这样较容易使人接受。用直言不讳这一表达方式来表示拒绝、制止或反对的意见或态度时，如果能有诚意地陈述一下原因和利害关系，则效果会更好一些。

2. 委婉

在不便直言的情况下，采取委婉的表达方式是个好办法。适合采用委婉的表达方式的情形有两种：一是因不便、不忍或不雅等而不能直说，借用相关或相似的东西来隐喻要说的本意；二是在对方接受正确意见存在情感障碍时，只有委婉一些才能促使对方接受正确意见。

通常，委婉的表达方式是用相关的事物、相关事物的特征或相关事物间的关系来取代或类推本来所要说明的事物、特征或关系等。例如：

在新中国成立之初的一次中外记者招待会上，一位西方记者问当时的周恩来总理："请问中国人民银行有多少资金？"

周恩来总理说："中国人民银行的资金嘛，现有 18 元 8 角 8 分。"

周恩来总理借用人民币币种面值的总额来代替资金总额，巧妙、委婉地回答了这一问题。

3. 模糊

模糊就是以不确定、不精确的语言来描述事物，进行交流，以达到既不伤害或为难别人，又保护自身的目的。模糊的表达方式主要用在不便直说、想要说话留有余地而采取委婉的表达方式的情形。

例如：

有人问："你说广州的产品好还是上海的产品好？"

一个富有经验的商务人员一般会回答："各有各的特点。"

又如：

相传，王安石的小儿子从小就口齿伶俐、智慧超凡。

有一天，有人想考考他，便指着一个关着一只獐和一只鹿的笼子问他："你说，哪个是鹿，哪个是獐？"

这个孩子根本就不认识这两种动物，思索片刻后答道："獐旁边是鹿，鹿旁边是獐。"

4．反语

当说话者言不由衷，不得不采用与心里想的完全相反的语言来表达自己的真实意思时，就是反语。采用反语或者是因为有难言之隐，或者是怕有忌讳，不能直说。

案例 2.4

探春的反语

在《红楼梦》第七十四回的大搜查中，有如下一段对话。

探春见凤姐带来一大群人，故意问她何事。

凤姐笑道："因丢了一件东西，连日访察不出人来，恐怕旁人赖这些女孩子们，所以越性大家搜一搜，使人去疑，倒是洗净她们的好法子。"

探春冷笑道："我们的丫头自然都是些贼，我就是头一个窝主。既如此，先来搜我的箱柜，他们所有偷了来的都交给我藏着呢！"

请思考

探春如果不说反语会引来怎样的争执呢？

5．沉默

沉默有多种含义：既可以表示无言的赞许，也可以表示无声的抗议；既可以代表欣然的默认，也可以代表保留己见；既可以用来说明自己决心已定，无须多言，也可以用来说明自己附和众议，别无他见。

俗话说"沉默是金"。在适当的场合、合适的时间，沉默是自信和有力的表现，既是迫使对方接受观点的有效办法，又给了对方一个改变态度的机会。

保持沉默也是一种巧妙地表示拒绝的手段。在无法答应或满足别人的请求时，如果简单地回答"不"，可能会让对方感到生硬，甚至难以接受，但是若一直保持倾听的姿态，在对方要你发表意见时保持沉默或以笑置之，别人就会明白你的意思。

与人谈话时，中间的停顿也是一种特殊形式的沉默。美国的林肯总统就经常在谈话途中利用停顿来增强沟通的效果。当他说到一项要点，而且希望听众留下深刻印象时，就会身体向前倾，直视着对方的眼睛一句话也不说，甚至会足足保持一分钟之久。这种谈话中间突然的停顿能够吸引人们的注意力，使对方集中注意力，全力倾听下一句话的内容。

6. 自言自语

这里所指的自言自语，并不是处于独处场合时的，而是发生在公共场合时的自言自语。商务活动中的自言自语，尽管表面上看是自言自语，但实际上是说给别人听的。在公众场合的适当自言自语具有多种作用：有可能引起别人的注意，赢得交谈的机会，争取同情和帮助等。

7. 幽默

幽默的表达方式可以帮助人们达到如下多种不同的目的。

（1）化解难堪和尴尬。例如：

张强吃午饭的时候，菜里的小石头硌牙了，大家都听到嘎嘣一声。

张强默默地吐出小石头，幽默地说："真不幸，硌到我的钢 ［拓展视频：沟通中的幽默］
牙了。"

大家听他这么一说，都乐了。

（2）化解矛盾，缓和气氛。例如：

有人在公交车上不小心踩了别人一脚，连忙道歉。

被踩的人则风趣地说："不，是我的脚放错了地方。"

这个人的大度和幽默成功地避免了矛盾。

（3）用来含蓄地表示拒绝。例如：

第二次世界大战时期，一位好友问当时的美国总统罗斯福关于美国潜艇基地的情况。

罗斯福反问那位好友道："你能保密吗？"

好友回答："能。"

罗斯福笑着说："你能，我也能。"

好友也就知趣地不再问了。

（4）用来针砭时弊。例如：

领导问："你对我今天的报告有什么看法？"

一位群众说："很精彩。"

领导说："真的？精彩在哪里？"

群众说："最后一句。"

领导说："为什么？"

群众说："你说'我的报告完了'时，大家都转忧为喜，热烈鼓掌。"

这位群众用幽默的表达方式讽刺了这位领导长篇大论的空头报告。

（5）作为有力的反击武器。例如：

德国的大文豪歌德在公园散步时，遇到了一位恶意攻击他的批评家。

那位批评家不肯让路，并傲慢地说："我从不给傻瓜让路。"

歌德立刻回答："我完全相反！"

说完，立刻转向了一边。

幽默这一表达方式的运用必须自然，切忌牵强做作，以防止运用不当带来副作用。值得注意的是，幽默并不等同于简单的笑话或滑稽。幽默是一种风格和行为特征，是智慧、教养和道德处于优势水平下的自然表现。所以，幽默的正确运用是需要积累和历练的。

8. 含蓄

对于许多只可意会、不可言传的事情，采用含蓄的表达方式是最合适不过的了。同时，含蓄常常采用暗示的方法，耐人寻味，因此也是一种既能让人感受到尊重，又能让人得到启示的表达方式。例如：

某个班级上课时，因进修生和旁听生多，时常挤得在校生没有座位。

为了改变这种情形，班长在上课前宣布："为了尽可能地让来我班听课的进修生和旁听生有座位，请本班同学坐前六排。"

这实际上暗示了进修生和旁听生不可坐前六排。

与其他同样也能给人启示的表达方式相比，含蓄这一表达方式还具有如下几个特点。

（1）含蓄既可以起到暗示作用，又可以使说话者不失矜持和自尊。例如：

有位男生想向一位心仪已久的女生表白，但又怕遭到拒绝而难堪。

于是他找了个机会对女生讲："听说有缘的男女，各拔一根头发可以打成结；无缘的男女，头发打不成结。你能让我们的头发试一试吗？"

那个女生非常大方地说："那你就从我头上拔一根吧。"

就这样，这对年轻人运用含蓄的手法，巧妙地完成了相互间的表白。

（2）含蓄在启示的同时可以避免分歧，不伤和气。

9. 比喻

当很难对复杂对象或事物进行清晰的解释说明，或者无法向某些特定对象直抒己见时，比喻往往是很适当的表达方式。历史上用比喻这一表达方式成功地劝谏君王的例子俯拾即是。

案例 2.5

爱因斯坦的巧妙比喻

爱因斯坦有一次参加一个晚会，有一位老太太跟他说："爱因斯坦先生，你真是了不得啊，得诺贝尔奖了。"爱因斯坦说："哪里，哪里。""爱因斯坦先生，我听说你得诺贝尔奖的那个论文叫什么相对论，相对论是什么东西啊？"什么叫相对论呢？问他这话的是一个70多岁的老太太，爱因斯坦要怎么回答呢？能量等于质量乘以光速的平方这种相对论的公式，跟她讲她能听懂吗？爱因斯坦马上就用比喻的方法告诉了她：

"亲爱的太太，当晚上12点钟，你的女儿还没有回家，你在家里等她，10分钟久不久？"

"那真是太久了。"

"那么亲爱的太太，如果你在纽约的大都会歌剧院听歌剧《卡门》，10分钟短不短？"

"那真是太短了。"

"所以，太太你看，两个都是10分钟，相对的内容不同，效果不同，这就叫相对论。"

"哦，我明白了。"

任务三　讲　的　艺　术

一、演讲

（一）演讲的概念

[拓展视频：有主题演讲]

演讲是演讲者在特定背景下，运用声音和姿态语言等表达手段，劝说和鼓动听众的一种沟通方式。演讲既需要语言艺术，又需要鼓动艺术。成功的演讲需要演与讲之间的协调配合。

演讲从表面上看是演讲者向听众发表自己意见和观点的过程，但实际上，成功的演讲往往是演讲者与听众双方积极交流与互动的过程。互动式的沟通既可以帮助听众更清晰地获得演讲者所传递的信息，又可以促使演讲者根据听众的反馈及时做出有效的反应，提升演讲的整体效果。

演讲的方式特别适用于演讲者希望用情感打动听众，或者想将听众的注意力集中在一些具体细节上，或者想要回答对方的问题、解决矛盾或达成共识，或者希望立即得到答复或立即采取行动的情形。

（二）演讲的特点

1. 目的明确

每一次成功的演讲都有明确的目的。演讲者会在强烈的演讲动机驱使下，通过演讲表明自己的观点，唤醒听众的思想，带动听众的情绪，促使听众采取某种行动。相反，目的不明、可有可无的演讲肯定是要失败的。

如图 2.14 所示为演讲的照片。

图 2.14　演讲的照片

2．说服力强

成功的演讲必定能够以理服人、以情感人，具有很强的说服力。以理服人是指演讲必须着眼于说理，离开了说理，即使内容再生动、辞藻再华丽，也不可能打动听众的心。以情感人是指对于演讲中所涉及的人物、事件和问题，演讲者都应表明自己的态度，并以带有感情的方式表达出来，使听众从语言、声调、表情、眼神和手势中感受到演讲者的喜怒哀乐，以期引起听众感情上的共鸣。

3．富有艺术性

演讲的艺术性主要体现在 4 个方面。

（1）内容组织上的艺术性。成功的演讲或以具体感人的形象，或以深刻真实的事例说服人、感染人；或歌颂真善美，或鞭挞假丑恶，寓思想教育于其中。

（2）文采上的艺术性。演讲应以富有艺术性的语言为听众营造一个美妙的氛围，使听众在美的享受中得到启迪。

（3）演讲过程的艺术性。演讲讲究音量的轻重强弱、音调的抑扬顿挫、节奏的起伏快慢、语速的停顿连接，语言运用上富有技巧性。

（4）演讲形象的艺术性。演讲者在演讲过程中通过自身的气质、装扮、表情、体态等来传递艺术和美的信息。总之，成功的演讲能使人感受到强烈的艺术性。优秀的演讲者本身就是艺术家。

4．具有高度综合性

每一次演讲的目的各有差异，听众各式各样，想要达到预期的效果，演讲者就需要根据演讲目的和听众特点，多角度地收集和组织演讲内容，运用多种演讲手段和表达技巧。所以，每一次成功的演讲都是演讲者进行全面分析、综合运用多种演讲手段和表达技巧的结果。

（三）演讲的类型

演讲根据目的和方法不同可以分为以下 6 种主要类型。

[拓展视频：沟通中的主持会场]

1．告知型

这类演讲的目的是向听众传递信息，主题应当是没有争议的，以避免与听众发生争议。告知型演讲的内容应当清晰、有趣和容易理解。为此，演讲者应当以客观方式陈述事实，提供被证实的数据信息；内容的组织要注意思维逻辑由浅入深，层层递进，陈述中要充分利用演绎、归纳等逻辑推理方式，保证演讲的条理清晰。

2．交流型

这类演讲以交流信息为目的。为达到信息交流的目的，演讲者要注意营造一种探讨问题的氛围，促使双方积极交流，并最终找到解决方案。

3．劝导型

这类演讲的目的是说服听众，说服那些持有反对意见或态度冷漠的听众，改为赞同或支持某种观点或主张，或者改变现有的行为和态度。演讲者想要达到说服的目的，就要注意运用感情感染力和逻辑感染力来改变听众的观点。为此，演讲者需要引证可靠的统计资料、有说服力的观点或某人的真实经历来感染听众，当然也可以通过分析典型的案例来佐证某种观点。劝导型演讲在结构上必须有严密的逻辑性，以增强演讲的说服力。

4．比较型

这类演讲的目的与告知型演讲一样，也是向听众传递信息。但与告知型演讲不同的是，比较型演讲是通过对两个或两个以上的产品、概念、政策、活动等进行讨论、解释和比较，向听众提供相关的事实或利弊分析，以有助于听众正确决策。因此，在这类演讲中，仔细列举事实和客观的数据分析是至关重要的。

5．分析型

这类演讲的目的是通过传递信息，分析相关形势、文件、政策等，为进行决策或采取某种行动措施等提供参考。所以，这类演讲成功的关键是要对与决策有关的每个问题都进行仔细分析，且观点要客观、全面。

6．激励型

这类演讲的目的是激励听众，希望通过演讲来鼓励听众采取行动，更加积极地去实施某项行动计划。这类演讲常用激动人心的语言来激发听众的热情和干劲，使听众朝着一个共同的目标努力。

二、命题演讲

案例 2.6

陶行知的开场白

有一次，陶行知先生在武汉大学演讲，走上讲台，他不慌不忙地从箱子中拿出一只大公鸡，台下的听众全愣住了，不知陶先生要干什么。陶先生从容不迫地又掏出一把米放在桌上，然后按住公鸡的头，强迫它吃米，可是大公鸡只叫不吃。怎么才能让鸡吃米呢？他又掰开鸡的嘴，硬往鸡的嘴里塞米。大公鸡拼命挣扎，还是不肯吃。于是，陶先生轻轻地松开手，把鸡放在桌子上，自己向后退了几步。过了一会儿，大公鸡自己就吃起米来。这时陶先生开始演讲："我认为，教育就跟喂鸡一样，先生强迫学生去学习，把知识硬灌给他，他是不情愿学的，即使学也是食而不化，过不了多久，他还是会把知识还给先生的。但是如果让他自由地学习，充分地发挥他的主观能动性，那效果一定会好得多！"台下一时间掌声雷动，为陶先生形象的演讲开场白叫好。

请思考

陶行知的演讲开场白吸引人的地方在哪里？

（一）命题演讲的含义和特点

1. 命题演讲的含义

命题演讲指根据既定的题目或限定的主题范围，事先做了充分准备的演讲。开幕词、闭幕词、报告会、各种集会上的讲话乃至课堂演讲等都属于命题演讲。

2. 命题演讲的特点

（1）严谨性。命题演讲一般有较充分的准备，无论是主题的确定、材料的选择、演讲稿的设计还是演讲过程，都是周密安排的。

（2）稳定性。命题演讲的内容是事先确定的。在进行命题演讲时，演讲者一般按照写好的演讲稿演讲，因此会随着时间的推移而变化的内容要相对少一些。

（3）针对性。命题演讲的"题"总是有针对性的、有所指的，即听众关心的热点问题。

（二）命题演讲稿的格式、内容和书写要求

1. 命题演讲稿的格式及其内容

命题演讲稿的一般格式为标题、称谓、正文、署名和日期。

（1）标题：醒目，有吸引力。

（2）称谓：得体，兼顾在场的每个人。称谓得体能体现出对听众的尊重。

（3）正文：包括前言、主体和结尾。前言部分提出论题（注意把握热点问题）或摆出论点；主体部分摆事实、讲道理，层次清晰地展开论述，要求事例典型、有说服力，感情真挚，结构安排张弛有度、跌宕起伏；结尾部分总结全文，使听众对全部内容有清晰、完整的印象。

（4）署名和日期。

另外，演讲时要注意礼仪，所以经常要用到问候语，比如开头说"大家好"，结束时说"谢谢大家"。

案例 2.7

丁肇中的演讲稿

国王、王后陛下，皇族们，各位朋友：

得到诺贝尔奖，是一个科学家最大的荣誉。我是在中国长大的，想借这个机会向发展中国家的青年强调实验工作的重要性。

中国有句古话："劳心者治人，劳力者治于人。"这种落后的思想，对发展中国家的青年有很大的害处。由于这种思想，很多发展中国家的学生都倾向于理论研究，而避免实验工作。事实上，自然科学理论不能离开实验这个基础，特别是物理学是从实验中产生的。希望我这次得奖能够唤起发展中国家的学生的兴趣，从而注意实验工作的重要性。

请思考

这篇演讲稿缺少什么？

2．命题演讲稿的书写要求

（1）了解对象，把握热点问题。写演讲稿，首先要了解听众是哪些人，他们的思想状况、文化程度、职业状况如何；其次要了解听众的心理、愿望和要求，特别是他们所关心的和迫切需要解决的问题是什么。只有这样，才能确定讲什么和怎么讲，才能从实际出发，写出有针对性的演讲稿。这样的演讲稿才能切合实际，达到宣传、交流的目的。那么，什么是热点问题呢？热点问题即听众普遍关心的问题。如果演讲者讲的是听众感兴趣的，那自然会使演讲增添魅力；反之，听众则不感兴趣。

（2）有正确、鲜明的中心。主张什么、反对什么，要旗帜鲜明，演讲稿必须紧紧围绕一个中心展开，且鲜明突出。

（3）有感人的典型材料。一篇演讲稿的中心，要依靠典型的、感人的事例来阐明。用真实、动人的事例展开说理，体现中心，会更有说服力。

（4）语言通俗、生动。只有用通俗的语言，才能使听众听得懂、能理解，从而达到宣传教育的目的。通俗的基础上，语言要生动，把抽象的道理具体化，把概括的东西形象化，这样才能吸引听众。

（5）注意内容安排的变化。演讲稿要写得张弛有度、有起有伏，这对于唤起听众的兴趣、集中听众的注意力是非常有必要的。

案例2.8

马云的演讲稿——爱迪生欺骗了世界

今天是我第一次和雅虎的朋友们面对面交流。我希望把我成功的经验和大家分享，尽管我认为你们其中绝大多数勤劳、聪明的人都无法从中获益，但我坚信，一定有个别懒得去判断我讲得是否正确就效仿的人，可以获益匪浅。

让我们开启今天的话题吧！

世界上很多非常聪明且受过高等教育的人无法成功，就是因为他们从小就受到了错误的教育，他们养成了勤劳的"恶习"。

很多人都记得爱迪生说的那句话"天才就是99%的汗水加上1%的灵感"，并且被这句话误导了一生，勤勤恳恳地奋斗，最终却碌碌无为。其实爱迪生是因为懒得想他成功的真正原因，所以编了这句话来误导我们。

很多人可能认为我是在胡说八道。好，让我用例子来证实你们的错误吧！事实胜于雄辩。

比如比尔·盖茨，他是个程序员，懒得读书，就退学了。他又懒得记那些复杂的DOS命令，于是编了个图形界面程序，叫什么来着？我忘了，懒得记这些东西。于是，全世界的计算机都长着相同的脸，而他也成了世界首富。

比如可口可乐，它的老板更懒，尽管中国的茶文化历史悠久，巴西的咖啡香味浓郁，但老板实在太懒了，弄点糖精加上凉水，装瓶就卖。于是全世界有人的地方，很多人都在喝那种像血一样的液体。

比如罗纳尔多，他在足球场上连动都懒得动，就在门前站着。等球砸到他的时候，就踢一脚。这就是全世界身价最高的运动员之一了。有的人说，他带球的速度惊人，那是废话，别人一场跑90分钟，他就跑15秒，当然要快一些了。

比如麦当劳，它的老板也是懒得出奇，懒得学习法国大餐的精美，懒得掌握中餐的复杂技巧，弄两片面包夹块牛肉就卖，结果全世界都能看到那个 M 的标志。

比如必胜客，它的老板懒得把馅饼的馅儿装进去，直接撒在发面饼上边就卖，结果大家管那叫 Pizza（比萨），比 10 张馅饼还贵。

还有更聪明的懒人：

懒得爬楼，于是他们发明了电梯；

懒得走路，于是他们制造出汽车、火车和飞机；

懒得一个一个地杀人，于是他们发明了原子弹；

懒得每次去计算，于是他们发明了数学公式；

懒得出去听音乐会，于是他们发明了唱片、磁带和 CD；

……

这样的例子太多了，我都懒得再说了。

我以上所举的例子，只是想说明一个问题，这个世界实际上是靠懒人来支撑的，世界如此精彩都是拜懒人所赐。现在你应该知道你不成功的主要原因了吧！

懒不是傻懒，如果你想少干，就要想出懒的方法。要懒出风格，懒出境界。像我，从小就懒，连长肉都懒得长，这就是境界。

最后，我也懒得给大家讲啦，再次感谢大家！

请思考

马云的这次演讲怪在哪里？

（三）命题演讲的基本要求

写好演讲稿，仅完成了演讲的准备阶段。演讲成功与否取决于"讲"和"演"，即口头表达过程。演讲成功依赖于以下 4 个方面：正确运用有声语言，适当运用身体语言，恰当运用应变技巧，精心进行形象设计。

1. 正确运用有声语言

首先，读音要正确、清楚。这就是要求声音表达科学化，如果字音不对或语音不标准，听众就听不明白，难以理解。

[拓展视频：命题演讲]

其次，声音要清亮、圆润。这就是要求声音表达要艺术化，增强演讲的魅力。

最后，声音要富于变化。如果人的耳朵总是听到同一种持续的音调，就会感到呆板、厌烦，影响对所听内容的接受与理解。声音的变化不仅是听众的要求，也是演讲者表达思想感情的要求。在声音的变化中，有两点需要注意：一是思想感情的变化要与声音变化统一，做到以情发声，以声带情，声情并茂；二是自然，如果声音有了变化，但不自然，就会让人觉得唐突，令人发笑。

2. 适当运用身体语言

要用眼睛、面部表情、手势来增强有声语言的表达力。

演讲者上台及下台时，应面带微笑、充满自信。如上台时，应挺胸、收腹、抬头，神

态自如地走到台前，然后面对众人静场片刻。演讲者定势沉稳，听众会眼前一亮，增加听的兴趣，也会使演讲者受到感染；演讲者步态慌乱、大步流星、上台没站稳就开始演讲，或动作缓慢、手足无措，都会给人留下不好的印象，演讲者自己也会缺乏信心。

在演讲过程中，演讲者要做到姿态端正，挺胸、收腹、抬头，自然站立，双手下垂，目光亲切自然。

面部表情丰富多彩，可以说是另一种深刻、直观的表达方式，甚至比语言、手势等更有表达效果。"只可意会，不可言传"这句话，或许就是在说表情的力量吧。例如：

有人曾问古希腊伟大的演讲家德摩斯梯尼："对于一个演讲家来说，最重要的才能是什么？"

德摩斯梯尼回答："表情。"

又问："其次呢？"

"表情。"

"再次呢？"

"还是表情。"

又如：

被誉为 20 世纪美国伟大的成功学大师的戴尔·卡耐基在目睹了当时的罗斯福总统的演讲后，惊叹地表示："总统先生好似一台表现感情的机器，满脸都是动人的感情。"丰富的面部表情再配上极富感染力和穿透力的演讲词，使得罗斯福被誉为20世纪世界八大演讲家之一。

3. 恰当运用应变技巧

（1）失误。演讲时说错话，如果不影响问题的表达，听众又听不出来，可不必去纠正。如果是关键性的问题，那就必须给予纠正。最好的办法是按照正确的说法再说一遍，听众也就明白了。例如：

北京师范大学李燕杰教授在一次讲话中，由于失误说错了一句关键性的话。话音未落，他便觉察到了，于是自问自答地说了一句："这句话是对的吗？不对。"然后又按正确的说法说了一遍。

这种纠正失误的办法，反映了演讲者的应变能力。

（2）兴趣转换。当演讲者讲到一个自认为非常重要且需要详细讲述的问题时，若一个自认为不需要详细讲的小问题却引起了听众的兴趣和关注，千万不要按计划讲，否则听众会不满意，不愿意继续听，必然影响演讲效果。正确的做法是不回避听众感兴趣的问题，继续讲下去，之后再回到原来的问题。

（3）反应冷漠。在演讲过程中，或由于时间、环境的原因，或由于内容、方法的原因，演讲引不起听众的兴趣，出现听众困倦、交头接耳甚至开小会的情况。这时，演讲者切不可一意孤行地讲下去，而要根据具体情况采取应急措施。比如，听众对某部分不感兴趣，那么演讲者就要当机立断地压缩这部分内容。如果听众有些懒散，精神不集中了，则可以设置一些悬念，以激发听众的兴趣，也可以采用提问的方法，如"这是为什么呢？""这个问题怎么解决呢？"等，促使听众产生积极的思维活动。

（4）收到条子。听众经常会根据自己的理解，向演讲者提出不同的看法、要求和各种问题，这是正常的，是听众认真听讲、肯思考的表现，演讲者必须报以欢迎的态度。条子被递上来后，最好的处理办法是暂时放在一边。如果看，不仅会打断演讲者的思路，而且会分散听众的注意力。因此，应待演讲完后再看条子，根据听众提出的问题一一作答。回答问题时要实事求是，能答就答，不能答就说明情况，不应不懂装懂。

4．精心进行形象设计

演讲者的形象（见图 2.15）要与演讲内容及演讲者职业协调一致。同一个内容，面对华侨与青年学生，服饰不应一样；面对教师与农民，服饰也应有别。健康、自信、得体的形象肯定会为演讲增添光彩。

图 2.15　演讲者的形象设计

三、即兴演讲

案例 2.9

杨澜的机敏

节目主持人杨澜在一次演出中下台阶时摔了下来，但杨澜非常沉着地爬了起来，对台下的观众说："真是人有失足，马有失蹄呀。看来这次演出的台阶不那么好下呢！但台上的节目会很精彩的，不信，你们瞧他们。"

杨澜这段非常成功的即兴演讲，以其敏捷的反应、幽默的语言和适时的话题转移，使自己摆脱了难堪，也显示出了她非凡的口才，以致她话音刚落，观众就报以热烈的掌声。

请思考

你认为杨澜的这段话是否精彩？如果你是杨澜，你会有何反应？

即兴演讲又称即席演讲或即时演讲，它是相对于命题演讲而言的，指演讲者在某种特定的情景、气氛或某个特定的人物的激发下，兴之所至，在事先没有准备或没有充分准备的情况下有感而发的临时性演讲，如各种大小会议上的开场白、总结致辞；各种生日祝词、婚庆祝词、开业庆典祝词、节日祝福、迎送答谢词；各种集会、座谈、谈判、聚会上的即兴讲话。日常生活中的介绍和自我介绍，应聘面试、新上任时的发言，刚参加工作与领导和同事间的简短沟通、交流寒暄等虽然不算严格意义上的即兴演讲，但和即兴演讲类似，由于它们在表情达意方面的针对性、快捷性、真切性适应了快节奏、高效率的现代社会生活需要，因此也备受人们的欢迎。

（一）即兴演讲的特点

1. 话题集中，针对性强

即兴演讲一般是对近期或眼前情况有感而发的，因此话题内容选取角度较小，说明和议论求准、求精、求新。

2. 临场发挥，直抒己见

即兴演讲不像命题演讲那样能事先拟好演讲稿，也不像辩论演讲那样能事先进行模拟训练，演讲者往往是当场打腹稿，即席讲话，因此说情况、讲道理、表看法、提意见都很少绕弯子。即兴演讲切忌观点模棱两可、晦涩艰深，令人不知所云。

3. 生动活泼，短小精悍

即兴演讲的内容应贴近生活实际，短小精悍，简明扼要，时间一般控制在 1～5 分钟，有的甚至只有一两句简短的话。即兴演讲的内容应具有思想性、趣味性、知识性，忌讳使用冗长杂散、啰啰唆唆、不着边际的官话或空话。

案例 2.10

业务书评授奖大会上的即兴演讲

在上海市"钻石表杯"业余书评授奖大会上，一位参会者的即兴演讲是这样的："今天，我参加'钻石表杯'业余书评授奖大会，我想说的一句话是，钻石代表坚韧，手表表示时间，时间显示效率。坚韧与效率的结合，是一个人读书的成功所在，一个人的希望所在。"

请思考

这位参会者的即兴演讲非常短小精悍、简明扼要，那么内容和寓意是否深刻呢？如果深刻，深刻在哪里呢？

（二）即兴演讲的技巧

进行即兴演讲既需要多方面的知识素养，又需要敏捷的思维能力、快速的语言表达能力和应变能力。

1. 准备技巧

（1）知识素养准备。演讲者的知识积累、兴趣爱好、阅历修养与演讲成功与否有着紧密的联系。"巧妇难为无米之炊。"许多演讲者感到演讲的最大困难在于没有演讲材料。这就要求演讲者平时做有心人，家事、国事、天下事，事事关心，广泛地阅读、收集和积累材料。

练一练

请分别以"珍惜时间""奉献青春""珍爱生命"和"和平万岁"为主题，收集名人名言、故事、古今中外的人物的典型事例。

（2）临场观察准备。演讲者要尽快观察、熟悉演讲现场，及时收集、捕捉现场的所见所闻，包括现场环境（时间、地点、场景布置）、听众及其他演讲者的演讲等，以确定自己的话题，增加演讲的即兴因素。

（3）心理素质准备。即兴演讲既然是有感而发的，演讲者就要有稳定的情绪、十足的信心、必胜的信念，这样才能保证思路通畅、言之有物、镇定从容。

2. 快速思维技巧

临场性决定了即兴演讲者必须具有较强的快速思维能力。快速思维即快速组织语言，实际上就是一个快速创作、打腹稿的过程。其技巧主要表现在"三定""四思""五借"3 个方面。

（1）"三定"：定话题，定观点，定框架。定话题即应选择演讲者能讲的和想说的、观众想听的和社会生活需要的话题。定观点即应确立明确精练、正确深刻、能被大家接受的言之有理的观点。定框架有两种模式：一是开门见山式，方法是先亮出主题，然后对主题进行较详细的论证和分析说明；二是曲径通幽式，方法是先举例，然后叙述主旨要点，再说明理由，最后进行论证分析。

（2）"四思"：逆向思维，纵深思维，发散思维，综合思维。逆向思维是指从相反的方向思考问题，即一反传统看法，提出与之相对或相反的观点。但要注意观点必须持之有据，能够自圆其说。纵深思维是指从一般人认为不值得一谈的小事或无须进行进一步探讨的定论中发现更深一层的被现象掩盖着的事物本质，即"透过现象看本质"。发散思维是指从同一问题中产生各种各样的为数众多的答案，在处理问题过程中寻找多种多样的正确途径。多端、灵活、精细、新颖是它的特点。综合思维是前面 3 种思维的综合运用。事实上，人们在思考问题时，一般情况下都是将各种思维综合在一起使用的。

（3）"五借"：借题发挥，借人发挥，借物发挥，借事发挥，借景发挥。能借的东西很多，五借是泛指。它要求演讲者善于观察现场，尽可能多地获取信息。

案例 2.11

闻一多的借景发挥

1945 年 5 月 4 日，云南大学、中法大学等校的大学生在云南大学的操场上举行纪念五四运动大会。会议开始不久，天便突降暴雨。一些学生离开会场避雨去了，会场秩序大乱。这时，闻一多迎着暴雨站在台上高呼："热血的青年们过来！继承五四精神的热血青年站起来！怕雨吗？我来讲个故事：今天是天洗兵！武王伐纣那天，陈师牧野的时候，军队正要出发，天降大雨，于是领头人说，'此天洗兵，把蒙在甲胄上的灰尘洗干净，好上战场攻打敌人。'今天，我们集合起来纪念五四运动，天下雨了，这也是天洗兵，不怯懦的人上来，走近来！勇敢的人走拢来！"

> 闻一多的借景发挥起到了什么效果?

3．表达技巧

（1）4 种表达技能。一是散点连缀，在即兴演讲前紧张地选材构思时，人的头脑中会出现很多散乱的思维点，演讲时要捕捉这些思维点，从这些点中确定一个中心点作为主题，并将该点与其相关点连接起来，与主题无关的点全部舍去，当表达网络形成后，就可以开始演讲了；二是模式构思，用前面所讲的两种模式搭框架，使自己的表达有条理；三是扩句成篇，用开门见山的构思方法，但也要将思路理清，注意逻辑清晰；四是借题发挥。

（2）5 个注重。一是注重开头和结尾，开头要引人入胜，结尾要耐人寻味；二是注重内容，内容要言之有物，寓意深刻；三是注重语言形式，以口语短句为主，巧用比喻、排比、设问、反问、引用、反复等修辞手法，注意过渡词、句、段的使用，加强衔接，防止出现语言陋习，不用粗话和方言；四是注重语调有激情，把握好语调的抑扬顿挫；五是注重演讲者的形象，防止出现不良陋习。

（三）即兴演讲者应具备的素质

1．一定的知识广度

只有学识丰富的人，才能在短暂的准备时间内从脑海中找到生动的例子和恰当的词汇，为即兴演讲增添魅力。这就要求演讲者具备一定的专业知识，了解日常生活知识，如风土人情、地理环境等。

2．一定的思想深度

这是指即兴演讲者对事物纵向的分析认识能力。演讲者应能宏观地把握内容，通过表层迅速看到事物本质，形成一条有深度的主线，围绕着它丰富资料，连贯成文，以免事例繁杂、分散主题。

3．较强的整合能力

即兴演讲要求演讲者在很短的时间内把符合主题的材料组合在一起，故演讲者应具备较强的整合能力，有效地发挥出其知识的广度和思想的深度。

4．较高的现场表达能力

即兴演讲没有事先精心准备的演讲词，临场发挥是特别重要的。演讲者在构思初具轮廓后，应注意观察听众和环境，获取与演讲主题有关的人物或景物，因地设喻。

5．较强的应变能力

即兴演讲由于演讲前无充分准备，临场容易出现意外，如怯场、忘词等。遇到这种情况，只有沉着冷静、巧妙应变，才能扭转被动局面。

（四）即兴演讲的注意事项

1. 保持警觉，选准话题

无论参加什么会议，即兴演讲者都要始终全神贯注，对会议的主题、讨论的具体题目、争论的焦点等有很强的警觉性和思想准备。有了思想准备，还必须寻找一个好的话题，而好的话题来源于对会议有关情况的熟悉与掌握。

2. 抓住话题，组合材料

确定了话题后就要抓住不放，进而紧扣话题，精心组织材料进行论证。即兴演讲无法事先做充分准备，完全依靠即兴抓取材料，其来源一是平时的知识积累，二是眼前的人和事，应以后者为主。即兴演讲者如过多地引用间接材料，往往会失掉即兴演讲的现实感和针对性，起不了应有的作用，只有多联系现场的人和事，才能吸引听众的注意力。

3. 情感充沛，以情夺人

要使听众激动，演讲者自己先要有激情。演讲者只有动了真情，才能喜怒哀乐分明，绘声绘色，从而感染听众，达到交流情感的目的。

4. 语言生动活泼

可根据听众的知识结构和文化修养，选用不同风格的语言。对一般听众的演讲可选用朴素的语言，而对文化素养较高的听众的演讲则可选用高雅的语言。这就要求演讲者平时善于学习生动活泼的语言，吸收外国语言中有益的成分，学习古代语言中有生命力的东西。

5. 短小精悍，逻辑严谨

即兴演讲多是在一种激动的场合下进行的，没有人乐意听长篇大论，因此必须短小精悍。短小就篇幅而言，精悍就内容而言。即兴演讲不能像命题演讲那样讲究布局谋篇，但也要结构合理、详略得当，要有快节奏风格和一气呵成的气势，切忌颠三倒四、离题万里、拖泥带水。

练一练

请收集有关亲情、爱情、友情的古今诗词各5首，并背诵下来。

【知 识 检 测】

一、填空题

1. 有效倾听是一种技巧，倾听者要做到_____、_____、_____和_____。
2. 快速思维的技巧主要表现在_____、_____和_____3个方面。
3. 4种表达技能是_____、_____、_____和_____。

二、判断题

1. 作为一个倾听者，其任务在于倾听他人所说，所以不可以询问所听到的事。（　　）
2. 口头沟通就是双方要把自己的话说明白，所以说话不要留有余地。（　　）
3. 在对方接受正确意见存在情感障碍时，只有委婉一些才能促使对方接受正确意见。（　　）
4. 演讲时说错话，如果不影响问题的表达，听众又听不出来，可不必去纠正。（　　）

三、单选题

1. 声音质量不包括（　　）。
    A. 音调　　　　　　B. 语速　　　　　　C. 声音大小　　　　D. 语调
2. 以下属于演讲稿正文的是（　　）。
    A. 标题　　　　　　B. 称谓　　　　　　C. 序言　　　　　　D. 前言

四、多选题

1. 口头沟通的艺术包括（　　）。
    A. 直言不讳　　　B. 讽刺　　　　　C. 含蓄　　　　　D. 反语
    E. 沉默
2. 以下（　　）是演讲的主要类型。
    A. 告知型　　　　B. 比较型　　　　C. 分析型　　　　D. 激励型
    E. 劝导型

【综合实训】

综合实训一　听与答

1. 实训内容和要求

（1）班级按人数分组，8~10人一组，各组选一个组长。

（2）组长宣布开始，提出一系列问题，每个问题都有一个很简短的答案，组员所需做的就是将答案写在纸上。注意：每道题只念一遍。题目如下。

① 我国法律是否规定成年男子不得娶其过世妻子的姐妹为妻？

② 如果你晚上8点上床睡觉，设定闹钟在9点将你叫醒，你能睡几个小时？

③ 在我国，每年都庆祝10月1日国庆节，在英国是否也有10月1日？

④ 如果你只有一根火柴，当你走进一间冰冷的房间时，发现里面有一盏油灯、一个燃油取暖器、一个火炉，你会先点燃哪一个来获取最多的热量？

⑤ 平均一个男子一生可以有几次生日？平均一个女子一生可以有几次生日？

⑥ 根据国际法的规定，如果一架飞机在两个国家的边境坠落失事，那些不明身份的幸存者是应当被安葬在他们准备坐飞机前往的国家还是出事的国家？

⑦ 一位考古学家声称发现了一枚有"公元前48年"字样的钱币，这可能吗？

⑧ 有人建造了一幢普通的有四面墙的房子，每面墙上都开着一个朝南的窗口，这时有只熊来敲门，这只熊是什么颜色的？

（3）组长检查答案。

2. 实训验收

由各组长组成的评议组和教师对学生的表现打分。

项　目	分　值	各组长评分（40%）	教师评分（60%）	实 际 得 分
听的能力	20分			
答的能力	20分			
写的能力	30分			
团队配合能力	30分			
合计	100分			

综合实训二　写演讲稿

1. 实训内容和要求

任选下列场合中的一个，写一篇演讲稿。
（1）在同学的毕业送别会上。
（2）在"三好学生"颁奖大会的领奖台上。
（3）在新同学入学的欢迎会上。

2. 实训验收

由全班同学和教师为每位同学打分。

项　目	分　值	同学评分（40%）	教师评分（60%）	实 际 得 分
格式规范	20分			
文字表达能力	30分			
逻辑能力	30分			
把握热点	20分			
合计	100分			

综合实训三　演讲

1. 实训内容和要求

任选下列场合中的一个进行演讲。
（1）五四青年节即将来临，学校要组织一次纪念活动，请你以此为主题进行演讲，时间为5分钟。
（2）党的生日来临在即，校团委要组织一次"庆'七一'"演讲活动，请你以此为主题进行演讲，时间为5分钟。
（3）"一二·九"运动纪念日就要到了，你所在的院系欲举办一次演讲比赛，请你作为选手参加，时间为5分钟。

2. 实训验收

由全班同学和教师为每位同学打分。

项　目	分　值	同学评分（40%）	教师评分（60%）	实　际　得　分
舞台表现能力	20分			
声情并茂	30分			
能引起共鸣	30分			
内容丰富	20分			
合计	100分			

项目三 文字沟通艺术

知识目标

1. 了解文字沟通的特点和作用
2. 掌握求职信的格式和书写技巧
3. 了解工作报告的基本写法
4. 掌握计划类文书的基本写法
5. 了解商务信函、请柬的基本写法

能力目标

1. 提高书写能力
2. 提高公文处理能力
3. 具备公文辨识能力

情景剧导入

为电瓶车充电的文字沟通

人物：甲、乙。

地点：某高校教学楼大厅。

某天晚上 7:40 左右，甲从外面回校加班的时候，发现电瓶车没电了，于是来到教学楼大厅一楼的充电处为电瓶车充电。

晚上 8:30，乙也发现电瓶车没电了，想要充电的时候，发现有车在充，"哎呀，真不巧，我没法充电了呀！我可不能做个小人，偷偷把别人的充电器拔下来，我写张纸条吧。"于是从包里取出来一片纸，写好后放在了甲的充电器下面。

深夜，甲加班完毕来到教学楼的时候，发现旁边停着一辆电瓶车，以为自己的充电器被拔下来了。可仔细一看，充电器的灯已经变绿了，于是收起充电器，发现下面有一张纸条，上面写着一些字，如图 3.1 所示。

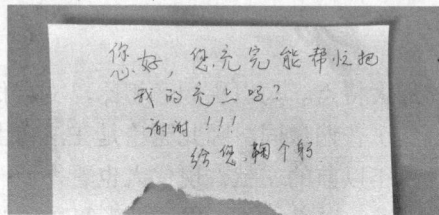

图 3.1 求助的纸条

于是，甲在拔下自己的充电器后顺势将对方的充电器插入电源插座，骑车离开教学楼，心中很高兴。

【分析】

1. 如果没有这张小纸条，事情还会这样发展吗？为什么？
2. 文字沟通可以在什么情况下应用？

任务一　文字沟通的内涵

沟通是人类生存和发展中不可或缺的行为方式。人类的共同劳动和生活产生了对沟通的各种需要，沟通的媒介与方式也在随着时代的发展和社会的进步不断地演变和进化——从远古时期的声音沟通、手势沟通、物件或图形沟通，到语言沟通，再到公元前 3000 年左右文字被发明以后，出现了文字沟通。

图 3.2 所示为古代的甲骨文和现在的汉字对照举例。

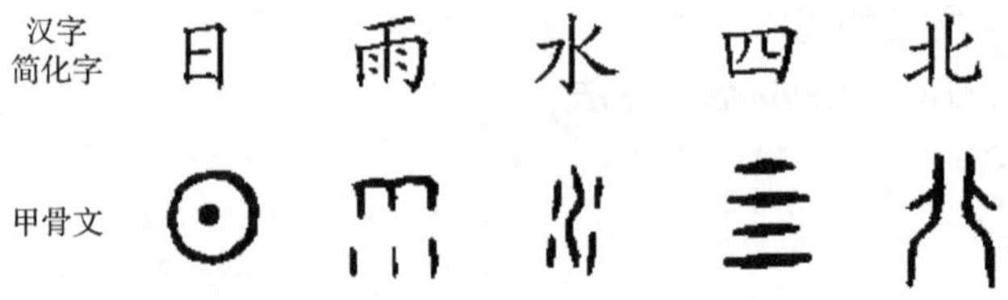

图 3.2　古代的甲骨文和现在的汉字对照举例

造纸术和印刷术的发明，更使得人类沟通与信息传输超越了时空的界限，促进了不同群体、不同地域、不同国家乃至不同历史时期的信息交流与沟通。文字沟通使人类的沟通行为发生了革命性变化，成为人类文明发展的重要标志。

文字沟通是以文字为媒介的信息传递，作为一种传统的沟通方式，在沟通中有着不可替代的作用。

一、文字沟通的含义、特点和作用

（一）文字沟通的含义

文字沟通是指以书面或电子信息为载体，运用文字、图形等进行的信息传递和交流形式，是另一种沟通形式。文字沟通一般不受时间和地点的限制，是一种比较经济、便捷的沟通方式，因而被广泛应用于各类沟通活动中。

（二）文字沟通的特点

1．准确

准确性高是文字沟通的最大特点。与口头沟通相比，文字传达信息的准确性较高，含义较明确，稳定性较强，得到了普遍认同。因此无论是在法律上还是在其他用途方面都具有比较强的权威性。即便几百年以前的文献，现代人也看得懂。文字沟通不会出现口头沟通中因地方方言不同、语音不准、语义不清、用词不当等导致的沟通不畅现象。

2．规范

口头沟通受民族、区域、风俗习惯等影响，表达出的意思会有很大差异，容易产生沟通障碍；而文字沟通正式、统一，相对稳定，具有较强的规范性，因此已成为不同人群之间相互沟通的工具。文字沟通的规范性有效地保证了沟通的顺利进行。

3. 严谨

文字沟通大多经过了缜密加工，精心组织，仔细斟酌，反复修改，认真核对，最大限度地减少了错误和不恰当的表达方式。与口头沟通相比，文字沟通结构严谨，条理清楚，逻辑性强，经得起推敲。

4. 精练

文字沟通经过了对材料的严格筛选，周密分析，精心组织，反复修改，去粗取精，删繁就简，最终形成的资料比口头沟通的信息更为严谨精练，言简意赅，克服了口头沟通随意性较大的缺陷。

5. 理性

文字沟通不会受现场气氛、情感及情绪的影响，从而使沟通更加理性和有逻辑，有助于排除外来干扰，可以有效地保证沟通的效果。例如，听讲座或演讲时，听众常常会受到演讲者情绪及现场情景的影响。

（三）文字沟通的作用

文字沟通从本质上讲是间接的，不需要直接的、面对面的口头沟通，这使其在沟通中发挥着不可替代的作用。

1. 使思想超越时空的界限进行传播

文字沟通可以使思想超越时空的界限进行传播，不论是远隔千山万水还是在异国他乡，人们都可以随时随地通过文字（如书信、短信、微信、电子邮件、报纸杂志、作品、著作等）相互沟通思想，表达情感，阐述观点，表明态度。

图 3.3 所示为民国时期的鸿雁传书邮票。

图 3.3　鸿雁传书邮票

2. 人类社会的历史文化得以留存

文字沟通使人类的思想和文化超越生命个体的局限，实现跨世纪、跨时代的传承。不管时间间隔多久，人们仍可通过书籍、资料、作品中的文字记载，了解古今中外思想家、文学家、科学家的思想、情怀和建树，实现历史文化的传承和交流。这些都依赖于文字这种特殊的介质。

3．拓宽沟通渠道

人们足不出户，就可以通过各种文献资料获取人类生存与发展的各种知识和成果，使人类站在更高的起点上，继往开来，开拓创新。上级的决策，政策的推行，命令的传达，行动的统一，几乎都离不开文字沟通。

4．保证信息传输的真实性、可靠性和一致性

文字沟通可以是正式的或非正式的，可长可短，可仔细推敲语言和词句，直到能满意地表达出个人的思想和意愿为止。书面文字可以复制，能同时发送到不同地区、不同部门的不同人群，传达相同的信息，即传播面广，信息量大，速度快，有利于统一思想，统一步调，协同动作，实现共同目标。

二、文字沟通的类型和适用范围

（一）文字沟通的类型

1．按沟通文体分

按沟通文体的不同，文字沟通可分为文件、报告、计划、信函、通知、备忘录、合同、协议、纪要、电子邮件等。

2．按沟通信息的载体分

按照沟通信息载体的不同，文字沟通可分为纸张沟通（文件、书籍）、传真沟通、电子邮件沟通、电子会议系统沟通等。

（二）文字沟通的适用范围

（1）文字适于传达比较复杂、专业，且难以记忆的信息。为保证此类信息完整、准确，方便日后查阅，通常采用文字沟通方式。

（2）涉及全局性的重要决策或行动方案、重要工作安排、相关政策、规定等一般采用文字沟通方式。

（3）需与会人员提前思考并做好准备，形成方案或初步意见的，采用文字沟通方式。

（4）对需要长期保存的重要的沟通记录，如合同、协议、纪要、备忘录等，各方需存档备案，以便日后查阅，一般采用文字沟通方式。

（5）对人们普遍关注、热议或被误传的信息，为澄清事实，分清是非，消除疑虑，可统一进行文字沟通，以正视听。

案例 3.1

到底是谁的错

某日，飞达公司总经理给新来的助理曹小姐布置了一个任务，要求她向各个部门下发岗位职责空白表格，并要求各个部门在当天下午两点之前上交总经理办公室。总经理问曹小姐是否明白他的意思，她说完全明白，于是就去执行。

结果到了下午规定的时间，技术部没有按时上交。

总经理问曹小姐："你怎么向技术部传达的？"

曹小姐说："我完全按正确的意思传达的。"

总经理又问："那为什么技术部没上交？"

曹小姐无奈地说："其他部门都交了，就技术部没上交，我也不清楚为什么。"

总经理把曹小姐和技术部负责人都召集到总经理办公室，问这件事情。

技术部负责人回答说："我当时都没有听到曹小姐传达关于上交时间的要求。"

曹小姐说："我确实传达了，为什么公司 12 个部门，就技术部没听清楚？"

技术部负责人说："其他部门我不知道，但我确实没有听到。"

到底是曹小姐没传达，还是技术部负责人没听到？总经理也郁闷半天。

请思考

究竟是谁的错？如何有效避免这样的事情发生？

三、文字沟通的优缺点及其文书的书写原则

（一）文字沟通的优点

1. 主题明确

与口头沟通相比较，文字沟通的内容全面、具体，思路清晰，语言精练，前后连贯，表达清楚，一目了然，可有效地避免面对面的口头沟通中因过多客套、过长铺垫而导致的冲淡主题、漫无边界、语义不清甚至误判等。

2. 避免信息传递失真

在口头沟通中经常需要转述，因传递人的腔调、语气、理解力和表达力等存在差异，极易造成信息的遗漏和曲解。有个能力拓展训练项目"千里传音"，规则是每支队伍有多个人，主持人将一句话传递给第一个人，第一个人听清楚后再传递给第二个人，依次传递，直到最后一个人。因为有环境干扰，加上每个人的理解能力和表达能力不同，经常出现整句话的意思被曲解了的情况，而文字沟通则可以避免出现这种情况，除非写错了字。

3. 保护沟通双方的合法权益

以文字形式记录的合同、契约、备忘录等，白纸黑字，是准确可信的证据，具有法律效力，能有效地保护沟通双方的合法权益，这是文字沟通的一个显著优势。

4. 可以配合口头沟通使用

以书面文字作为口头表达的参考资料，可以减少口误，提高表达的流畅性。因此，在进行比较正式的讲话或演讲前通常会先准备好书面材料，作为口头讲话或演讲的参考。

5. 避免面对面的口头沟通引起的摩擦

有的时候，沟通双方因固有的矛盾分歧或权力、地位不平等，容易导致沟通不畅。此时如能采取书面沟通方式，则可有效地缓解矛盾，消除隔阂，避免冲突，促进双方和解，取得较好的沟通效果。

（二）文字沟通的缺点

1．是间接、单向的沟通

文字沟通虽然慎重，但是免不了呆板，属于单向沟通，不如面对面的口头沟通亲切、富有人情味，也无法利用手势、语调或面部表情等非语言因素来增加沟通的效果。

2．受教育水平有时会影响沟通效果

因人们具有不同的文化层次、不同的专业水平，因此对文字信息的理解会有较大差异，容易产生沟通障碍，或达不到沟通的目的，而口头沟通则一般不受此限制。

3．表达内容有限

人的意图和想法无限，单纯依靠文字来表达往往是不够的，而口头沟通则可以反复交流，并在交流中修改自己的观点。面对面的思想碰撞，有助于双方激发出更多的灵感，找到合作的共同点，达到最佳的沟通效果，但文字沟通在此方面受到限制。

4．耗费时间长，反馈滞后

文字沟通需要长时间的书写、修改过程，接收者回应较慢，或者可能根本就得不到回应，与面对面的口头沟通相比，反馈明显滞后。

（三）文字沟通文书的书写原则

在写文字沟通文书时应遵循以下原则。

1．思维清晰

思维能力是各种沟通的技能基础，也是文字沟通能力强弱的衡量标准。优秀沟通者的特征之一就是思路清晰、思维敏捷。尤其对于管理层而言，只有在思维清晰的前提下，才能促使沟通双方在共同目标和利益的前提下，求同存异，达成一致。

2．目的明确

从书写者的角度来看，文字沟通的主要目的在于提出问题、分析问题、阐明观点、说明情况和说服他人，因而书写者必须明确自己如何展开文件内容，需要传递什么信息，将信息传递给谁以及希望获得怎样的结果。

3．突出主题

主题，即文字沟通文书的主旨，体现文字沟通的目的。写文字沟通文书时，要紧紧围绕沟通的主题，精选材料，用事实说明问题，揭示事物的本质，提出切实可行的解决问题的办法和措施，做到言之有物，有理有据，切忌空泛议论，空话、套话连篇，否则难以实现有效的沟通。

4．传递正确、完整的信息

信息传递正确、完整是书面沟通的重要原则，也就是说，要做到材料真实可靠，观点正确

无误，事实描述完整具体，语言简练又能准确地表达思想和观点，充分体现沟通的意图。这就要求在书写过程中必须反复修改，认真推敲，切实保证文字沟通的质量。

5．换位思考

换位思考就是站在对方的角度思考问题，是实现有效沟通的关键。沟通的本质是协调双方的利益关系，实现合作共赢。因此，进行文字沟通前需充分考虑沟通对象对沟通内容的关注程度、对方期望解决的问题、双方沟通达成一致的可能性等，以便有的放矢地确定沟通的方式和策略，增强文字沟通的针对性和有效性。

任务二 求 职 信

一、求职信的含义、作用和格式

（一）求职信的含义和作用

1．求职信的含义

求职信是应聘者向招聘单位（包括机关或企事业单位）申请录用的书面函件，是人才市场上常见的一种书面文书，通常与个人简历表同时提交给招聘单位。

图 3.4 所示为求职信封面。

图 3.4　求职信封面

2．求职信的作用

（1）用于应聘者向招聘单位传递求职信息，介绍个人的基本情况、特长及优势，表达希望到该单位工作的愿望和诚意，并争取面试的机会。

（2）是招聘单位对应聘者进行考察聘用的依据。

（3）是应聘者与招聘单位建立联系、相互沟通的桥梁和纽带，是社会主义市场经济条件下人才平等竞争、择优录用的重要形式和手段。

（二）求职信的格式

求职信一般采用以下格式。

1. 标题

标题要求醒目、简洁、庄重，要用较大的文字在纸的上方标注"求职信"3个字，显得大方、美观。

2. 称呼

这是指对招聘单位或审阅者的称呼。应知道准确的招聘单位名称，前用"尊敬的"加以修饰，后以领导职务或"领导"二字落笔，如尊敬的丽水职业技术学院王处长；若不能获取准确的招聘单位名称和领导的具体职务，则用统称"尊敬的贵单位/公司/校领导"，如尊敬的贵校领导。

3. 正文

正文是求职信的核心，开头应表示向对方的问候；主体部分一般包括简介、求职目的、条件展示、愿望和决心、结语5项内容。

（1）简介。简介是对应聘者的概要说明，包括姓名、性别、民族、年龄、籍贯、政治面貌、文化程度、学校和专业、家庭住址、任职情况等要素。

（2）求职目的。求职目的即为什么写求职信，想得到什么结果或结局。

（3）条件展示。条件展示是求职信的关键内容，主要应写清应聘者的才能和特长。要针对所求工作的应知、应会去写，充分展示应聘者的条件，从基本条件和特殊条件两个方面证明自己能胜任岗位工作。基本条件应写清政治表现和学习活动两方面的内容；特殊条件是自己具备或擅长的比其他应聘者有优势的特殊才能。

（4）愿望和决心。愿望和决心部分要表示加入该单位的迫切愿望，展望对单位的美好期盼，期望得到认可和接纳，自然恳切。

（5）结语。一般在正文的最后按书信格式写上祝福语或"此致　敬礼""恭候佳音"之类的话语，即结语。

4. 附件

求职信的附件即佐证材料，主要包括个人简历，获奖证书、已发表文章的复印件，如有其他材料需要作为附录，也可一并列出。

5. 落款

落款处要写上应聘者本人的名字，并用公元纪年法标注好年月日，说明回函的邮政编码、地址、电话号码等。求职信落款可打印也可手写，若手写应做到字迹工整、美观大方，如打印应注意版式和字体。

二、求职信的书写技巧

求职信是自我推销广告，是求职择业的一张名片。因此，求职信一定要让审阅者留下良好印象，以便赢得面试的机会或获取职位。那么，写求职信需要哪些好的技巧呢？

1. 言简意赅

求职信要言简意赅、言辞贴切。简洁流畅的求职信不仅可以节约审阅者的时间，而且会引起其好感。精练的求职信表现在开门见山、语气平实、目标明确、重点突出、文笔流畅，可激发审阅人想进一步了解的好奇心。

2. 新颖独特

立意新颖、富有创新、语言独特的求职信往往能给审阅者留下深刻的印象。因此，写求职信如同策划一个广告，应超凡脱俗，不同凡响，不拘泥于固定模板。

3. 抓住重点

在求职信中先说什么、再说什么都需要精心设计；重点突出专业知识、工作经验、个人能力等。一定要事先了解招聘单位，适度地描述自己的学业情况、工作经验、实际能力等，并根据招聘单位的需求，着重写其关注的重点内容。

4. 实事求是

一个人的诚信是非常重要的。写求职信时要实事求是地描述自己，强调自己的优势，强调对招聘单位的价值，既不过分夸大，也不过分谦虚，而是合理、恰当地推销自己。

5. 以诚取信

如同讲话一样，写求职信也要带有感情色彩，通过有感情的文字传递思想，引起审阅者的共鸣。若招聘单位是学校，就要充分表达自己会献身教育事业、爱护学生等。写求职信还要以诚感人，通过诚恳的态度取信于人，让他人喜爱。

6. 争取面试机会

写求职信的目的就是建立联系，争取面试机会。在求职信上要提醒招聘单位留意自己附加的个人简历，并请求对方回复信息；用语应礼貌大方，展示大学生自信、充满活力的好形象。

7. 精雕细琢

一定要事先整理好个人材料，突出重点，写好文字材料。求职信写好后，还要仔细推敲，反复修改，根据不同招聘单位的不同需要及时增减相关内容，提交合适的求职信。

任务三 报 告

一、报告的含义和分类

（一）报告的含义

报告是下级向上级汇报工作、反映情况、提出意见或建议，答复上级的询问时所使用的公文，是下级与上级之间相互沟通的一种方式。

报告是使用范围很广的公务文书。它的主要任务是向上级汇报工作，供上级了解情况，指导工作，处理问题或决策时参考。

（二）报告的分类

1. 按报告内容分

按报告内容的不同，报告可分为工作报告、情况报告、答复报告等。

（1）工作报告主要用于总结经验，反映情况，表示工作进展，如每年的《政府工作报告》。

图3.5所示为工作报告封面。

图3.5 工作报告封面

（2）情况报告主要是对工作中的重大情况、特殊情况、新情况进行调查了解后，向上级上交的报告，如各级单位上交的《贯彻落实"两学一做"活动的情况报告》。

（3）答复报告是针对上级机关的查询、提问或执行上级机关某项指示、意见的结果的报告，如《关于治理××河水质污染的问题的答复报告》。

2. 按报告范围分

按报告范围的不同，报告可分为综合报告、专题报告等。

（1）综合报告全面汇报工作情况，可以和工作总结、计划安排结合起来，注意要有分析，有综合，有新意，有重点。

（2）专题报告指下级单位就某项工作、某个问题、某一事件或某一方面的情况向上级机关所写的报告。专题报告要求迅速、及时、一事一报。

3. 按报告时限分

按报告时限的不同，报告可分为例行报告、不定期报告等。

（1）例行报告多指一些常规性的事项报告，如年报、季报、月报、旬报、周报等。

（2）不定期报告指不受时间限制，根据工作需要或上级要求，不定期提交的报告。

二、报告的特点

1. 内容的汇报性

一切报告都是下级用于向上级或业务主管部门汇报工作，让上级或业务主管部门掌握基本情况，以便有效地指导工作。所以，汇报性是报告的一大特点。

2. 语言的陈述性

报告的工作汇报性质决定其书写语言是陈述性的，即以叙述为主，概括叙述工作的进程，如做了哪些工作，采取了哪些措施，取得了哪些成绩，存在什么问题，今后有何打算，对上级有什么意见、建议等，所以行文上就是实事求是地陈述其事，而不是空泛地议论，即使需要阐明观点和论证道理时，也必须在叙述事实的基础上做到叙议结合。

3. 行文的单向性

报告用于下级向上级汇报，为上级进行宏观指导提供依据，一般不需要批复，具有单向性。

4. 成文的事后性

多数报告都是在事情做完或发生后再由下级向上级汇报。

5. 综合性

报告所涉及的情况是多方面的，内容广泛，篇幅一般较长。

三、报告的格式

报告一般由标题、主送机关、正文、落款等部分组成。下面以机关报告为例进行简要介绍。

1. 标题

标题有两种写法：一是"发文机关+事由+文种"，二是"事由+文种"。

2. 主送机关称呼

主送机关指报告的收受机关，在标题的下一行顶格写明。主送机关要写全称或规范化的简称，一般不能使用泛称，因为主送机关是具体的。

3．正文

正文，分开头、主体和结语 3 个部分。

（1）开头即导语部分，概括说明全文主旨，开门见山地写明写此报告的缘由，或简要地叙述情况，说明主要原因、目的、依据等。开头的末尾，常用"现将……情况报告如下"的惯用语引起下文。

（2）主体部分是向上级报告事项的具体内容，是正文的重点，应根据实际需要陈述基本情况，归纳主要经验，说明存在的问题或困难，提出能解决问题的办法和今后将采取的措施等。

（3）结语常用"特此报告""专此呈报""以上报告，请审阅""以上报告如无不妥，建议批转各地区、各部门贯彻执行"等。

4．落款

因标题中已写明了发文机关，所以落款中可不再署发文机关名称，只需写出成文日期即可。

四、报告的书写要求

1．要重视调查研究，善于综合归纳

应通过调查，搜集并整理各种有价值的材料，客观、真实地反映情况和意见。报告的内容应有新意，反映新形势下的新事物、新问题、新经验；回答与解决人们在新形势下提出的各种疑点、难点，使报告的内容具有信息价值。即使是汇报常规性的工作，也应探索和提炼与往年不同的特点与经验，力求反映出具有实质性、规律性的信息，切不要把写报告变成例行公事，写得空泛无物。

2．要中心明确，重点突出

报告应避免面面俱到，主次不分。尽管搜集的材料内容十分广泛，但要根据本次报告的写作目的和宗旨，对材料进行严格筛选，抓住重点，凸显主题。报告的重点应是该时期的中心工作，即当前应解决的主要矛盾，如学校的教学改革，企业的体制改革与经济效益、产品质量等。对于重点工作，要写深、写透；对于次要工作，可进行一般叙述，使报告重点突出，主次分明，详略得当。

3．要点面结合

报告应在突出重点的同时顾及与重点相关的"面"，做到以点带面，点面结合，既展示亮点，又展示全貌；既要列举具有代表性的典型事例、单位或典型经验，用以说明工作的深度，又要对工作的全貌、概况加以叙述，引用相关的数据，用以说明工作的规模和广度，使上级机关对下级机关工作的整体情况有比较全面的了解。只有点面结合，才会使报告写得既全面又深刻，并且有说服力。

4．要实事求是

报告应如实反映工作中的成绩与问题，认真核实所有数据，既不夸大成绩，也不掩饰缺点与错误。

5. 专题报告要一文一事，一事一报

专题报告应自始至终围绕一项工作、一个问题来叙述；不能在一个专题报告中讲述与之不相干的事项或问题。

6. 不可夹带请示事项或生造"请示报告"

在报告中夹带请示事项或生造"请示报告"这样似是而非的文种，会混淆了报告与请示这两种公文的性质和适用范围。因为上级机关一般不需要对报告进行批复，因此报告中不能夹带请示事项。

总之，报告要讲求实效，突出重点，去粗取精，去伪存真，做到言之有物，言之有理。

任务四　计划类文书

计划类文书是对未来一定时期内的工作目标、任务、措施、实现步骤等进行预测和设想，并根据这些预测和设想写成的系统化、条理化的书面材料。这类文书虽未列为国家正式公文，但党政机关、社会团体、企事业单位及其他各种组织都经常用到，使用频率较高。

一、计划类文书的种类、内容和作用

1. 计划类文书的种类

计划类文书是一个总体的概念，通常包括规划、纲要、方案、预测、计划、设想、打算等。

计划类文书的种类很多，按时间划分，有月度计划、季度计划、年度计划、近期计划、远期计划等；按范围划分，有单位计划、系统计划、地区计划、国家计划等；按内容划分，有专项计划与综合计划；按写法划分，有条文式计划、表格式计划、条文与表格结合式计划等。

2. 计划类文书的内容

计划类文书的内容都是写的未来的即还没有发生或将要发生的事情。但是，它们之间有时间、范围、内容、远近等方面的差别。一般来说，规划、纲要的时间跨度大、范围广，带有全局性和长期性；方案、预测的时间跨度小，多指专项工作，考虑得较细；计划的时间有长有短，内容可全面可单项，如五年计划、年度计划、季度计划和月度计划，其内容有国民经济发展计划、工业生产计划、教育工作计划等；设想、打算属于初步的或非正式的想法，设想的时间较长，打算的时间较短。

因此，应根据内容、时间、重要程度等多种要求确定选用哪个文种。例如，考虑未来十年要做的可用规划，考虑未来三至五年要做的可用计划，考虑近期要做的某项工作的可用方案、意见、打算等。

3. 计划类文书的作用

（1）领导指导工作的重要手段。计划使决策具体化，根据计划，领导可以合理有序地

安排人力、物力和财力；可以根据计划的实施情况，及时调整工作进度或对计划本身进行合理修改，以减少决策和指挥的失误。

（2）建立正常工作秩序、提高工作效率的重要前提。工作中有了计划，就可以进一步明确工作的目标和任务，减少工作的盲目性和随意性，促使各项工作协调、有序、顺利地进行。

（3）检查工作、总结经验的重要标准。计划中所规定的时间、质量、任务标准是否能如期完成需要及时检查，同时总结工作经验，促进各项工作的正常开展。

二、计划类文书的特点

1．超前性

做任何工作都要有超前思想，而写计划类文书时更要如此。因为计划必须事前制订，所以，必须有超前思想，才能使计划立于不败之地。

2．创新性

创新是社会发展的不竭动力，没有创新就没有发展，不论是中长期计划还是近期计划，其内容都要有新意。如果每年的计划都是老一套，那么这个计划就没有意义。对一个地区来说，在其发展规划中要有新项目、新指标、新措施、新的增长点；否则，这个地区的经济建设就会停滞不前。对一个企业来说，在其发展规划中要有新产品、新技术、新的经营战略；否则，这个企业就会在激烈的市场竞争中被淘汰。所以，写计划类文书时一定要坚持创新精神。

3．指导性

计划类文书经过上级机关审批以后，就具有权威性了。它既是行动的方向，又是指导工作的根据。所以，写计划类文书前一定要认真进行调查研究，落笔慎重，防止有失误。

4．客观性

计划类文书虽然是人们的主观意志对未来的设想，但是这种思想并不是幻想或胡思乱想，而是有依据、有实现可能的设想，符合客观事物的发展规律。一般来说，在写计划类文书前，先要进行深入调查，充分掌握资料，了解各种因素，在此基础上综合进行分析研究，提出切实可行的任务、指标和措施。因此，计划类文书是主观和客观的统一，不是纯主观的产物。

三、计划类文书的格式

计划类文书大体可分为标题和正文两个部分。

（一）标题

计划类文书的标题直截了当，是什么规划、什么计划就写什么名称，不转弯抹角，不需要很有文采或形象生动的标题，一般也不分正副标题，如"××市国民经济第十三个五年计划""××县"十三五"农业发展规划""××乡 2020 年植树造林计划"；有时在地区或单位下面插入"关于"介词，如"××局关于××项目的 2020 年工作计划"，有点类似于公文标题。总之，计划类文书的标题应该按照规划、计划的时间和内容来确定。

（二）正文

通常情况下，计划类文书的正文包括以下 4 个部分。

1. 导言

导言部分介绍写此规划或计划的背景，交代其依据，说明目的及其重要意义。导言部分按照意思分层次写，不一定用一、二、三、四等序数词来排列。

需要注意的是，这部分的篇幅不要太长，如中长期的计划可以多说一些，年度工作计划或单项工作计划用几句话交代一下依据就行，让人知道这个计划是有依据的，不是凭空写的。

2. 任务（含指标）

任务部分是计划类文书的核心，如果不提任务和指标，那就没有制订计划的必要了。任务包括两个方面：一是总的任务和指标，说明在计划期内，本地区本单位经济增长的总体水平，要达到怎样的规模，以及经济总量的发展要求；二是具体任务（如农业、工业、交通、财政、金融、科技、教育、文化、卫生等行业的任务）和指标，以及发展的程度。总的任务要概括写，具体任务应分项分条写，这样能使人一目了然，知道在计划期间，该地区该单位的总任务是什么，各行各业的具体任务是什么，做到心中有数、目标明确。

上述任务部分是对大的全面的计划而言的，对于短期计划和某项工作计划则没必要这样分开写；总的任务和具体任务可合并起来写，可分条写，也可不分条写。因为这类计划比较简单，内容不太复杂。

3. 因素分析

因素分析部分对完成任务的各种有利因素和不利因素进行分析，也可以说是对完成任务的可能性进行评估，说明完成任务的有利条件有哪些，不利条件或困难有哪些，从而充分利用有利条件，正视不利因素与困难，达到趋利避害、完成或超额完成计划任务的目标。写这部分时可梳理成几条，即有利条件几条、不利条件几条，对于那些不稳定的可变因素还要估计在内；既不要把各种因素写得过分具体，也不能写得空洞抽象，因为因素分析毕竟是依据客观情况推断出来的认识，难免含有个人的想法。

4. 措施

措施部分是计划类文书的重点，也是任务部分的延伸。没有任务，就谈不上措施；没有措施，任务就是空中楼阁。所以，计划类文书的两大部分最重要：一个是任务，另一个是措施，这是相互依存、不可缺少的两部分。写措施时可梳理成几条，可用一、二、三、四等序数词，也可用小标题，使措施之间隔开，把重要的放前面，不重要的放后面，尽可能书写翔实，便于执行单位操作。对于不太重要的措施，可概括写，也可省略不写。

计划类文书的上述 4 个部分在内容上是有机联系、环环相扣的，即使结构有改变，写3 个或 5 个部分，也是 4 个部分的浓缩或展开。不管如何调整，下面 3 个问题都是要回答的，即"写计划类文书的依据是什么""任务要求是什么""怎样来完成这个任务"。只要掌握这些原则，就能驾驭自如，写好计划类文书。

四、写计划类文书时应注意的事项

1. 基础材料要准确

计划类文书中的设想基于各种基础材料，是科学的设想，符合客观事物的发展规律，并不是毫无根据的天方夜谭。因此，写计划类文书的各种基础材料（包括数据、信息、资源情况、历史资料等）一定要准确、真实，不能造假。如果以虚假材料为依据，那么推测出来的设想将很难实现，会造成重大失误。

2. 任务指标有余地

计划类文书里所提出来的任务、指标和各种措施一定要实事求是，既不能脱离现实、好高骛远，又不能因循守旧、停滞不前，否则不是保守就是冒进。所以，在任务、指标、措施上应留有余地，允许有上升的空间。也就是说，在充分调动群众积极性的基础上，经过努力，可以完成或超额完成计划。

3. 所用语言要朴实

计划类文书与总结、调查报告不同，不需要生动、形象的语言，也不需要过多的修辞方法，一般使用朴实、庄重的语言即可。因为计划类文书的内容都是要求人们未来做的，只有理解明白了，才能做，才能执行。所以，语言要朴实无华，不能似是而非、模棱两可，特别是任务指标绝对不能含糊，一定要清清楚楚，表达准确。这是计划类文书对语言的要求。

任务五 其 他 文 书

一、商务信函的书写

（一）商务信函的含义

商务信函是企业与企业之间、企业与有关单位之间进行商务活动时，用于沟通信息、联系业务、洽谈交易、处理问题的经济性文书。其种类有联系函、推销函、订购函、确认函、索赔函等。

商务信函是商务活动中重要的沟通媒介之一。在商务活动中，从联系业务、协商谈判、签订合同到履行合同、处理投诉、理赔/索赔，每个环节都需要信函这个重要的媒介来传递信息，以实现有效的商务沟通，达到预期的商务活动目的。

（二）商务信函的特点

1. 内容单一

商务信函以商品交易为目的，以交易磋商为内容，一般不涉及与商品交易无关的内容，不掺杂交易磋商以外的其他事务；而且一文一事，即一份商务信函只涉及一项交易，不同时涉及几项交易。

2．结构简单

因为商务信函内容单一，一般段落比较少，段落篇幅也比较短，整体结构简单，看上去一目了然。这种简短明了的结构便于人们阅读，体现了商务信函的实用功能。

3．语言简练

商务信函以说明为主，或介绍业务范围，或出示商品品种与价格，或提出购买商品的品种与数量，或要求支付货款，或告知有关事项，直截了当，简单明确。

4．讲究礼仪

商务信函的往来讲求地位平等，互惠互利，以诚相待，因此在撰写商务信函时要注重礼貌用语，但不必过多客套，互相以礼相待即可。

5．使用广泛

企业与企业之间、企业与有关单位之间可以借助商务信函沟通信息、处理问题。此外，商务信函不但可以在国内使用，还可以在国际间使用，使用范围非常广泛。

6．具有司法凭证的性质

商务信函一经签发，便具有司法凭证的性质，可作为相关单位进行商务往来的凭证，也可备日后查询。

（三）商务信函的基本格式

商务信函的应用范围非常广泛，种类十分繁多，但不管何种类型的信函，只是具体的内容不同罢了，其写作的基本格式是一致的。商务信函因其涉及具体的经济事项，写作格式要求较严格，由信头、称谓、正文、信尾4个部分组成。

1．信头

信头是信函的开始部分，包括标题和字号两个部分。

（1）标题在信函纸首行中间，其作用是标明事由，即简明地指出要告知的事项，使收信人通过标题就能知道信函的主旨，如"事由：800吨钢材报价"。

（2）字号即发函编号，在标题的右下方。写发函编号是为了便于发函双方将信件归档备查，一旦发生经济纠纷，便可作为经济往来的文字依据，以协助纠纷的解决、维护自己的合法权益。"字"代表发函单位，"号"代表该单位发函的顺序号。

2．称谓

称谓即对收信人的称呼，在字号下面一行顶格写。若收信人是单位，则要写全称，如"××贸易公司"；若收信人是个人，一般在姓名后加上职务头衔，以表示尊重，如"××经理"。

3．正文

正文是信函的主体部分，包括开头、主体、结语3个部分。

（1）开头。开头一般引出发函缘由，可简述事实、引述来函要点、做简要的自我介绍、表明目的和要求等。例如：

在秋季广交会上，得知贵公司生产儿童鞋……

我公司是××市最大的纺织厂生产厂，求购制作服装的优质蚕丝……

（2）主体。若信函内容较简单，则可省略上面的发函缘由，直接进入主体部分。主体部分一般根据发信缘由详细地陈述具体事项，信函的主要内容在此体现。因此，信函的主体部分是信函写作的重点所在。

（3）结语。结语部分一般把主体部分所叙述的事项加以简要概括，并提出相关要求，如希望回信、回电、订货或者候复、希望速予办理等。

4．信尾

信尾是信函的结束部分，由落款和附件两个部分组成。

（1）落款。落款在正文末的右下角，主要是签署发函单位的名称或个人的姓名和发函时间。重要的信函应在此加盖公章。

（2）附件。若信函附有附件，则在信末的左下角注明附件名和内容。例如：

附件：076 男童鞋彩色图片一张。

附件：我公司最新商品报价。

（四）商务信函的书写要求

写商务信函的目的在于传递具体的经济信息，求得对方的准确理解与合作，是实质性的经济交往。因此，商务信函的书写不同于一般的社交信函。其语言表达力求简洁明确、条理清晰。具体来讲，在写作时应注意以下几点。

1．主旨鲜明

每封信函的主旨都必须鲜明突出，使收信人迅速了解发信的目的并及时给予回应。

书写商务信函时要使主旨鲜明突出，应该注意以下几个方面。

（1）充分重视事由。事由位于信头，是收信人最先关注的地方，因此要一目了然，使收信人一看就能明白信函主要用来解决什么问题。因此，应该在事由部分用简明的语言写明发函的主旨。

（2）以结论开头。将结论放在开头，能使收信人迅速抓住写此信函的目的，并立即引起收信人的重视。

（3）一事一函。一事一函的目的也是突出主旨。如果一封信同时谈几件事情，势必让收信人难以抓住信函的主旨，从而会忽视某一件或几件事。

2．内容完整

商务信函的内容必须完整，应该写的事项必须全部写进去，不能有任何遗漏。例如，报价函就要求将商品名称、规格、数量、价格、装运期、结算方式、有效期限等明确无误地告知对方。具体来讲，为保证信函内容完整，应该注意以下几点。

（1）分条列款表述。为了保证在写信时不遗漏任何要点，可以在写作前先将写作要点列出来，然后根据这些要点的内在逻辑关系——列明具体事项，这样就不至于遗漏细节。

（2）仔细检查核对。例如，一封订货函只要具备订货人、货物名称、何时发货、发往何地、如何结算这 5 个方面的内容即算内容完整。

3．关注对方利益

写商务信函时，关键是关心对方的利益，而不是以自我为中心。在信函中要强调做成生意能给对方带来的好处，这样才能引起对方的兴趣，从而对信函中的要求做出反应或答复。

4．表述清楚准确

商务信函的主要任务就是帮助买卖双方对商品价格和数量、款项收付方式等实质性的内容进行磋商，因此，语言的表达要力求准确清楚，不能模棱两可，避免使用容易产生误解的语言，这样可以减少不必要的麻烦。

5．语言恰当得体

商务活动所关注的不只是眼前的经济利益，更着眼于买卖双方的长久合作与长远利益。要通过商务信函这种沟通方式增进双方的相互了解，建立友谊，树立良好形象。因此，在行文的语气上，要做到亲切、友善、礼貌。

6．文字简明扼要

商务信函要求简明扼要。正文开头直接切入主题，遣词造句长话短说，不要重复。尽量避免使用形容词等修饰成分，用简单的句式直接陈述即可。当然，简明扼要不能以内容不完整为代价，如果一味追求简洁而损害了内容的完整，那么简洁也就失去了意义。

7．行文谦恭有礼

一封谦恭而有礼貌的信函会给人留下良好的印象，从而使对方乐于与之合作。因此，商务信函的内容应谦恭有礼，措辞和语气做到彬彬有礼、不卑不亢，既不过分谦恭，也不盛气凌人。落实到具体行文上，就是多使用敬语，如"请""贵方""您""谢谢"等；多用虚拟语气，和缓地表达己方意见，避免使用强迫性的词语。例如：

（强迫性）兹告贵方欠款已逾期，请即汇 10 万元给我方。

（谦恭有礼）贵方可能因为业务过于繁忙，以致忽略×月×日应付款 10 万元……

谦恭有礼的表达方式从对方的立场出发，显得善解人意、通情达理，既达到了催款的目的，又给对方留下了好印象，表达方式不同，效果截然不同。因此，在书写商务信函时，应尽量站在对方的角度，以体谅对方。

二、致辞的书写

（一）致辞的含义和种类

1．致辞的含义

致辞是指领导干部或知名人士在重大节日、重要会议、重要庆典等场合或活动中发表的表示欢迎、祝贺、感谢或阐述某一问题的讲话。致辞一般篇幅短小，语言凝练，具有浓厚的感情色彩。其主要作用是沟通信息，交流情感，融洽关系，增进友谊，营造氛围，促进合作。

如今，随着会议、庆典及各种交流活动越来越多，领导干部或知名人士在不同场合发表致辞的情况越来越多。致辞文稿虽短，但分量很重，传递的是信息，表达的是礼仪，深化的是情谊，能起到礼尚往来、传情达意的作用。因此，掌握致辞的书写要领、撰写高质量的致辞文稿已成为领导干部、知名人士和文秘人员必备的素养和能力。

2．致辞的种类

以下是常见的几类致辞。

（1）会议致辞（致欢迎词、致欢送词、致答谢词、致祝酒词等）。

（2）庆典活动致辞（工程建设奠基致辞、竣工典礼致辞、公司成立十周年庆典致辞等）。

（3）大型纪念活动致辞、联欢活动致辞。

（4）节日致辞（元旦致辞、春节致辞、五一劳动节致辞等）。

（5）文体活动致辞（文艺活动致辞、体育活动致辞等）。

（二）致辞的书写规则——以会议致辞为例

1．注意礼貌，尊重对方

致辞是为适应礼仪交往的需要而进行的讲话，用语应周全得体，热忱有礼，尊重对方的风俗习惯和性格个性，从讲话开头的称谓到致辞的具体内容都要做到文雅有礼，尊重对方。

2．语言简洁

致辞应短小精悍，感情真挚，语气亲切，热情诚恳，格调高雅。

3．表示友好，不失原则

致辞中，如遇对方与己方意见、观点不一致的情况，应注意一方面要尊重对方，另一方面不随意改变自己的原则和立场。在不失礼节的前提下，多谈一致性，少谈或不谈分歧，委婉巧妙地表达己方的立场，尽力营造友好、和谐的气氛。

（三）致辞的基本格式

致辞一般由标题、称谓和正文 3 个部分构成。

1．标题

标题通常要写明在什么会议上，谁发表的致辞，如《在欢迎尼克松总统访华宴会上周恩来总理的祝酒词》《在欢迎曼彻斯特市访华代表团大会上武汉市市长吴官正的欢迎词》。

2．称谓

称谓应当使用尊称：对主要宾客（致欢迎词、致欢送词）或首要主人（致答谢词、致告别词）要用全称，并在其姓名之后加上职务、职称或爵位、衔位（如"部长""教授""阁下""殿下"等），以示尊重；有时在主宾姓名前加上表示亲切或充满敬意的修饰词语（如"尊敬的""亲爱的"等）；对到会的其他客人和主人，一般用"朋友们""同志们"或"女士们""先生们"等泛称。

3．正文

正文是会议致辞的主要部分，一般由开头、主体和结尾 3 个部分组成。

（1）开头。在致辞的开头应分别表示欢迎、欢送、感谢、惜别或祝贺之意。在措辞上，开头部分应当突出主要宾客或首要主人，并兼顾其他人员。

（2）主体。主体是致辞的核心内容。这部分应从实际出发，选取双方都关心的问题，比如表示双方友好或合作良好的愿望，或表示对双方共同关心的问题的态度，或表示对对方某一贡献的褒扬等。

（3）结尾。结尾主要表达祝愿或感谢之意。通常先致主要宾客或首要主人，次致陪同宾客或次要主人，最后再表达共同性的祝愿语或感谢语。

致辞范文：

齐心协力总队年会致辞

女士们，先生们，朋友们：

大家下午好！

又是一年新年到。感谢关心和支持齐心协力总队的爱心商家和爱心人士在这里欢聚一堂，共同分享健身带来的健康和快乐，共同谋划和畅想新一年的健身前景，欢度这美好难忘的欢乐时光。在此，我代表齐心协力总队，向在座的各位表示最热烈的欢迎，也向一直以来关心、参与和支持我们的各界朋友表示最衷心的感谢！

广泛开展全民健身活动，加快推进体育强国建设，是习近平总书记在中共十九大报告里强调的宏伟目标。齐心协力总队顺势而为，应运而生，大有作为，大有可为。

两年来，在各位的共同努力和精心呵护下，齐心协力总队逐渐发展壮大，已成为××地区健身界的一张靓丽的名片。我们的队友除了坚持自己锻炼、拉练外，还经常性地组织"走出去"活动，以走会友，学习交流，较好地展示了齐心协力队友热爱运动、热爱生活、积极向上的精神风貌和良好形象。在××大地的每次徒步活动中，我们几乎都能取得不止一项奖励，大奖屡有斩获。几乎国内所有的马拉松赛道上，都能看到齐心协力队友矫健的身影。无论走到哪里，齐心协力总队都是一道美丽的风景。今后，齐心协力总队依旧要和各位一起，享受健身带来的快乐和幸福，多走出去参加各种比赛，让我们一起宣传自己，展示自己，推介自己，为自己点赞。

还有不到 10 天就是元旦佳节了，在此，祝大家在新的一年里家庭和睦，工作顺利，心想事成，万事如意！

谢谢大家！

三、请柬的书写

（一）请柬的含义和用途

1．请柬的含义

请柬是邀请宾客在预定的时间、地点参加某一项重要的或有意义的活动时所使用的一种书面形式的通知。

2．请柬的用途

请柬属于礼仪性文书，一般用于联谊会、庆典、纪念活动、婚宴、诞辰及重要会议等。发送请柬是为了表示活动的隆重及对受邀宾客的尊重。

图 3.6 所示为婚宴请柬封面。

图 3.6　婚宴请柬封面

请柬又称请帖。在古代，柬与帖有一定的区别，柬本为简。造纸术发明以前，简是较普遍的书写材料，一般指竹简，人们把文字刻在简上用来记事，由于书写面积有限，篆刻也有些难度，所以用简只能书写少量文字。因此，人们把简连缀在一起而成册。到了魏晋时期，简专门用来指一种短小的信札，这一说法沿用至今。

（二）请柬的书写要求

1．态度郑重

请柬不同于一般书信。一般书信都是因双方不便或不宜直接交谈而采用的沟通方式。请柬却不同，即使被邀请者近在咫尺，也要送请柬，这主要是为了表示邀请者对被邀请者的尊敬，也表明邀请者对此事的郑重态度。

2．简明得体

请柬的措辞务必简洁明确、庄重文雅、热情得体。

3．款式精美

精美的请柬会使人感到快乐和亲切。因此，请柬的款式设计要求美观、精致，具有艺术性。手写的，要力求工整，布局匀称。

（三）请柬的格式

请柬从形式上又分为横式写法和竖式写法两种。其中，竖式写法从右边向左边书写。

从内容上来看，请柬作为书信的一种，又有其特殊的格式要求，一般由标题、称呼、正文、结尾、落款5个部分构成。

1．标题

在封面上写的"请柬"或"请帖"二字就是标题，一般要对标题做一些艺术加工，可用美术字，可以对文字进行烫金处理，旁边可以用图案装饰等。需要说明的是，通常请柬已按照书信格式印制好，使用者只需填写正文即可；封面上也已直接印上了"请柬"或"请帖"字样。

2．称呼

要顶格写出被邀请者（单位或个人）的名称或姓名，如"××单位""××先生"等。称呼后加上冒号。

3．正文

正文要写清活动内容，如座谈会、联欢晚会、国庆宴会、婚礼、生日、寿诞等；写明时间、地点和方式。如果是请人观看表演还应将入场券附上，若有其他要求也需注明，如"请准备发言""请准备节目"等。

4．结尾

结尾要写上礼节性问候语或恭候语，如"此致　敬礼""顺致　崇高的敬意""敬请光临"等。

5．落款

落款署上邀请者（单位或个人）的名称和发柬日期。

请柬范文一：

请　　柬

××女士/先生：

　　兹定于9月12日晚7:00—9:00在市政协礼堂举行中秋茶话会，届时敬请光临。

　　此致

敬礼！

××市政协
××年9月10日

请柬范文二：

请　柬

××同志：

　　兹定于十一月四日上午九时，在本社召开建社四十周年座谈会，敬请光临指导。

　　此致

敬礼！

××出版社

××年×月×日

【知 识 检 测】

一、填空题

1. 在语言和文字产生以前，人们往往利用_____、_____、_____或_____来传递信息，表达思想。

2. _____沟通不需要直接的、面对面的口头沟通。

3. 文字沟通的特点是_____、_____、_____、_____、_____。

4. 报告一般由_____、_____、_____、_____等部分组成。

5. 计划类文书的正文包括_____、_____、_____、_____4个部分。

6. 致辞是指领导干部或知名人士在_____、_____、_____等场合或活动中发表的讲话。

二、判断题

1. 传真、电子邮件不属于文字沟通范畴。（　　）

2. 报告一般不需要受文机关批复。（　　）

3. 商务信函由信头、称谓、正文、信尾4个部分组成。（　　）

4. 求职信用于求职者向用人单位传递求职信息，不能通过电话口头申请。（　　）

三、简述题

1. 简述文字沟通的含义和作用。

2. 简述报告的特点。

3. 简述计划类文书的特点。

4. 简述商务信函的书写要求。

【综　合　实　训】

综合实训一　写求职信

1. 实训内容和要求

请根据个人条件和特长，按照求职信书写要求，给××用人单位写一封求职信。

要求格式规范、内容完整、结构严谨、语言简洁、展示实力、态度诚恳。字数为600～1000字。

2. 实训验收

由全班同学和教师为每位同学打分。

项　目	分　值	同学评分（40%）	教师评分（60%）	实　际　得　分
格式规范	20分			
内容完整	30分			
结构严谨	20分			
字体美观	20分			
字数符合	10分			
合计	100分			

综合实训二　写计划类文书

1. 实训内容和要求

新学期开始啦！请根据个人情况，制订一份本学期个人学习计划。

要求符合计划类文书的特点和格式，符合实际，切实可行。字数在1000字以内。

2. 实训验收

由全班同学和教师为每位同学打分。

项　目	分　值	同学评分（40%）	教师评分（60%）	实　际　得　分
格式规范	20分			
内容完整	30分			
结构严谨	20分			
字体美观	20分			
字数符合	10分			
合计	100分			

综合实训三 写致辞

1. 实训内容和要求

学院拟于××年×月×日举行校企合作单位联谊会，邀请相关企业、科研机构领导参加。届时学院院长×××同志将出席会议，并致欢迎词。请按照致辞的书写要求，起草一份欢迎词文稿。字数在 600 字以内。

2. 实训验收

由全班同学和教师为每位同学打分。

项 目	分 值	同学评分（40%）	教师评分（60%）	实 际 得 分
格式规范	20分			
内容充实	30分			
推进合作的发展	20分			
字体美观	20分			
字数符合	10分			
合计	100分			

项目四　非语言沟通艺术

知识目标

1. 掌握非语言沟通的基本理论
2. 掌握非语言沟通的原则和技巧
3. 掌握肢体语言和副语言的特点和运用

能力目标

1. 提高非语言沟通能力
2. 提高非语言与口头语言、书面语言的配合能力
3. 提高肢体语言、副语言的运用能力

情景剧导入

不寻常的买卖现场

人物：卖手机的小张、顾客小李（聋哑人）。

地点：某卖场一角。

旁白：由于昨天下班时突降暴雨，没带雨伞的小张被浇成落汤鸡，一早上发现嗓子沙哑，但为了那点儿可怜的全勤奖带病坚持工作。

门店的铃声刚响，小张就站在了柜台前面，带着职业的微笑开始了忙碌又充实的一天。

小李今天休息。昨天下大雨导致手机进水，不能用了，只能再买一个新的，于是早早地来到了小张所在的手机店。

小李用手比画着，指了指柜台里的一款手机。

小张刚想说欢迎光临，发现自己的嗓子真的说不出话来，于是顺着顾客比画的方向拿出一款手机。

小李"呜啊呜啊"地摇了摇头。

小张瞬间懂了，拿的不对，于是拿出另一款手机。

小李涨红了脸，又"呜啊呜啊"地摇了摇头。

小张将手里的手机放回柜台，顺势把剩下的3款手机都拿出来放到了柜台上。

小李看到自己想看的那款手机，顺手拿起，脸上总算露出了点儿笑容。

小张明白了，顾客和自己一样没办法说话，只能借助手势、肢体动作与自己交流。

小李拿着手机，身体向前倾比画着。

小张秒懂，顾客可能对手机的某些功能有不懂的地方，于是双手接过手机，按照流程操作给顾客看，每操作一步，面带笑容地看着顾客，看到顾客点头了，再往下操作。

小李脸上不时地流露出喜欢的表情，一会又"呜啊呜啊"地看着小张，手里比画着。

小张疑惑地看着对方，立刻明白了，原来顾客问自己能不能优惠，有没有赠品之类的。于是小张摇摇头，双手做了个很无奈的动作，又拿起柜台边的计算器，敲出了数字1800表示1800元，又指了指柜台左边的收银台。

小李看着小张点点头，又冲着开票本望去，再点点头。

小张把票开好，看着顾客的眼睛，双手把票交给顾客，再一次指着不远处的收银台，微笑的同时看着对方……

【分析】

1. 如果没有非语言沟通，该单能成交吗？
2. 现实中你经常应用非语言沟通吗？用在什么场合？

任务一　非语言沟通艺术概述

一、非语言沟通的含义和种类

1. 非语言沟通的含义

非语言沟通指的是以表情、目光、手势、形体、姿势、空间、语调等非自然语言为载体所进行的信息传递，泛指人类在进行沟通时除语言以外的所有符号，是不使用任何词语的信息沟通方式。

非语言沟通是相对于语言沟通而言的。语言沟通借助语言来传递信息，而非语言沟通则通过除语言以外的形体、肢体动作等来传递信息。非语言所提供的信息远远超过语言所提供的信息。

2. 非语言沟通的种类

（1）身体动作：手势、面部表情、目光（眼神）及身体其他部位的动作等。

（2）个人身体特征：体格、体形、体味、身高、体重、肤色、服饰等。

（3）副语言：音质、音量、语速、语调等。

（4）空间利用：房间的布置、座位的安排、谈话的距离等。

（5）时间的安排：迟到、按时、对时间的不同理解等。

（6）物理环境：大楼和房间的构造、家具的摆设、房间的装饰、室内的整洁度、光线和噪声等。

二、非语言沟通的重要性

尽管语言沟通起到的是一个方向性和规定性的作用，但是，事实上非语言沟通才准确地表达了传递信息的真正内涵。概括地说，非语言行为在信息沟通中不但可以起到支持、修饰或否定语言行为的作用，而且在某些情况下可以直接替代语言行为，甚至反映出语言行为难以表达的思想情感。例如：

在礼节性拜访中，主人一边说"再聊会儿"，一边不停地看手表，客人便知道该起身告辞了。

这个例子说明了什么呢？

要想了解说话者更深层的心理，即无意识领域，单凭语言绝对是不可靠的，俗话说"打鼓听声，说话听音"便是这个道理，通过非语言符号所传递的信息往往比语言更能准确地传达"真正的意思"。

1. 非语言符号是语言沟通的辅助工具

可以通过表情、动作、声音、距离等，使语言表达的内容更直观、更形象，使语言表达得更加准确、有力、生动和具体。

2. 非语言沟通能更真实地表现人的情感和态度

非语言行为在很大程度上是无意识的，因而它能更真实地表现人的情感和态度。例如：

拿破仑·希尔得知一位老妇人来访并一定要见到他本人以后，想当然地认为，她一定是一位可怜的老妇人，想要推销一本书。同时，他想起了母亲也是一位妇人，于是决定到接待室去，买下她所推销的书。

当拿破仑·希尔走出私人办公室时，这位老妇人——她站在通往会客室的栏杆外面——脸上开始露出微笑。他见过许多人微笑，但从未见过有人笑得像这位老妇人这般甜蜜。

正是这种具有感染力的微笑，使拿破仑·希尔受到她的影响，也开始微笑起来。

3. 非语言行为所包含的信息远远超出语言所提供的信息

研究表明，非语言行为所包含的信息比语言丰富得多，因为语言有时会把所要表达的大部分意思隐藏起来。所以，要了解说话人的深层心理，单凭语言是不够的，人的动作比语言更能表现出人的情感和意图。人类语言传达的意思大多数属于理性层面，这种经过理性加工表达出来的语言往往不能真实地表露一个人的真正意图，甚至还会出现"口是心非"的现象。由此可见，非语言行为在沟通中所表现的真实性和可靠性要比语言强得多，特别是在情感的表达、态度的显示、气质的表现等方面，更能显示出它所独有的特性和作用。例如，继续上面的故事：

当拿破仑·希尔来到栏杆前时，这位老妇人伸出手来和他握手。她很用力地握住他的手，但握得并不太紧。这种握手方式向他传达了一项信息：能和他握手，令她觉得十分荣幸。当她的手一碰到他的手时，拿破仑·希尔知道，不管她这一次想要什么，她一定会得到，他会尽量帮助她达成愿望。

这位老妇人那个深入人心的微笑，以及那个温暖的握手，使拿破仑·希尔虽然自己没有买保险，但是把她介绍给了另一个人，结果她后来卖给那个人的保险金额，是她最初打算卖给拿破仑·希尔的保险金额的 5 倍。

4. 非语言沟通能够影响并调控语言沟通

在沟通过程中，非语言沟通不仅起着配合、辅助和加强语言沟通的作用，而且能够影响并调控语言沟通的方向和内容。

非语言沟通的这些特性，一方面说明了它的复杂性，另一方面说明了非语言沟通的重要性。

在当今信息化日趋发达的时代，非语言沟通发挥了语言沟通所不能替代的作用，一个人的手势、表情、眼神、笑声等都可以传递信息，表达情感。所以，非语言沟通不仅是语言沟通的一种补充，而且是一种人与人之间的心理沟通工具，是人的情绪和情感、态度和兴趣相互交流的纽带。

由于非语言沟通形式的存在，人们对沟通的认识突破了单纯语言沟通的局限。没有语言不等于没有沟通，而且非语言沟通能把信息表达得更加具体、准确。

但是非语言沟通也存在一定的局限性，就是非语言沟通在不同的环境背景下、在不同的人群中所表达的含义也不尽相同。

想一想

从拿破仑·希尔与卖保险的老妇人的会见过程来看，你认为非语言沟通的重要性体现在哪里？

三、非语言沟通的特点

1. 无意识性

人的非语言行为更多的是一种对外界刺激的直接反应，基本都是无意识的反应。例如，当人处于陌生环境之中时，会不自觉地提高警惕；一个人正在认真思考一件事情时，突然有人拍了一下他的身体，他会因受到惊吓而跳起来。

人们会在不经意间做出一个动作，而这个动作往往表露了人们内心的真实想法。例如，与自己不喜欢的人站在一起时，保持的距离比与自己喜欢的人要远一些；人有心事的时侯，不自觉地会给人忧心忡忡的感觉。正如奥地利心理学家西格蒙德·弗洛伊德所说的，没有人可以隐藏秘密，假如他的嘴唇不说话，则他会用指尖说话。

2. 情景性

与语言沟通一样，非语言沟通也出现在特定的情景中，情景左右着非语言符号的含义。在不同的情景中，相同的非语言符号也会有不同的含义。同样是一个眼神，根据情景的不同，所体现出的意思不同。例如，眼神向上表现的是对人的尊敬和羡慕，眼神向下表现的是对人的不满和鄙夷。又如，同样是拍桌子，可能是拍案而起，表示怒不可遏；也可能是拍案叫绝，表示赞赏至极。

3. 可信性

如果某人说他毫不畏惧时，他的手却在发抖，那么人们更认为他是在害怕。英国心理学家阿盖依尔等人的研究表明，当语言信号与非语言信号所代表的意义不一样时，人们相信的是非语言信号所代表的含义。因为语言受理性意识的控制，容易造假，非语言则不同，其大多发自内心深处，极难抑制和掩盖。

4. 审美性

非语言沟通所表现出的动作、行为、举止是人的内在性格、气质和思想情感的自然流露，在特定的语言环境下，这种内在的思想情感与艺术化的动作、表情、目光等非语言载体相融合，展现出来的是一种优雅协调的动作美、表情美和节奏美，能表现出讲话者独特的魅力和风度。

这无疑会给人们带来一种美的体验和享受。非语言沟通的审美价值也正体现在这里。

5．个性化

一个人的肢体语言能体现其个性特征，爽朗敏捷的人和内向稳重的人的手势和表情截然不同。每个人都有自己独特的动作语言，所以人们常常可以从一个人的肢体语言中解读他的个性。比如，鲁迅眼中的豆腐西施形象如图 4.1 所示。

图 4.1　鲁迅眼中的豆腐西施形象

四、非语言沟通的原则

1．适应性原则

所谓适应性，第一是要使自己的非语言行为与自然语言所表达的内容及沟通的目的相一致；第二是与所处的沟通场合、情景及沟通气氛相吻合；第三是与沟通对象的心理特征、沟通习惯相适应；第四是与个人身份、角色相适应。只有遵循适应性原则才能取得良好的沟通效果。

2．自然原则

使用非语言沟通方式，贵在自然。自然是人内在心理品质的体现，也是非语言沟通艺术追求的境界，各种动作、表情、手势、体态、语气、声调、衣着打扮等都要力求自然得体。自然是内在情感的真实流露，只要是发自内心的真情表达，就一定能够打动人心，使人乐于接受。

自然的境界如同苏轼描写西湖美景的诗中所说的那样："水光潋滟晴方好，山色空蒙雨亦奇。欲把西湖比西子，淡妆浓抹总相宜。"美丽的西湖无论是丽日晴空，还是细雨蒙蒙，呈现给人们的总是一种质朴、自然的美。

在非语言沟通中，自然的微笑、真诚的目光、大方的举止、得体的服饰无疑会给人留下美好的印象，赢得对方的信任，取得良好的沟通效果。

3．针对性原则

没有任何一种非语言沟通方式适合所有沟通对象。在非语言沟通的过程中，要充分考虑对方的沟通意图和沟通习惯，有针对性地采取相应的沟通策略。要善于从对方的表情、动作及言行举止中分析、判断出对方的真实心理，及时调整沟通策略。总之，要因人而异，有的放矢。

4. 清晰原则

非语言沟通的含义比语言沟通的含义模糊，但非语言沟通能表达更加具体的信息。这里的"模糊"是指非语言沟通的含义在缺乏特定背景的情况下更难确定；"具体"是指在特定的背景下人们根据长期的经验能够从中获得更加丰富的信息。非语言信息是人类沟通实践的产物，并伴随着人与人之间交往的日益增多，沟通环境、沟通习惯的不断优化，使非语言沟通的含义日趋明晰。在一般情况下，可以借助一些其他线索来判断非语言信息的准确含义。

5. 建设性原则

非语言沟通方式表达的信息往往带有较强烈的感情色彩，有时令人难以接受，其结果是会引起激烈的冲突或者长久的对立。因此，在这种场合要本着礼貌、尊重、和解、友好的态度，调节和控制情绪，保持平静、平和的心态，使非语言沟通建立在平等、互利和有建设性的基础之上。

五、非语言沟通的技巧

非语言沟通的载体形式多种多样，内涵丰富，表达方式灵活，寓意深刻，表达微妙。非语言沟通是一种情感交流，更是一种沟通技巧。下面仅以目光、微笑和手势为例，介绍一下非语言沟通的技巧。

（一）目光语

眼睛是心灵的窗户，既能看清外部的世界，又能透过"窗户"看清人的内心世界。一个公正无私的人，他的心底就像晴朗的天空，清澈、洁净、透明，从他的眼神中流露出来的那种公正、公平的力量，能让人的心情变得阳光，变得灿烂；一个与人为善的人，眼神中流动着的鼓励和肯定，像一股股暖流，温暖、滋润着人的心灵，鼓舞着人的斗志；一个充满爱心的人，眼神也一定充满爱意，严肃中透露着慈祥，平静中透露着期盼，就像一条汩汩流淌的河流，荡涤着人的心灵。由此可见，眼睛是最富于传情达意功能的沟通工具之一。

图 4.2 所示为目光语的运用。

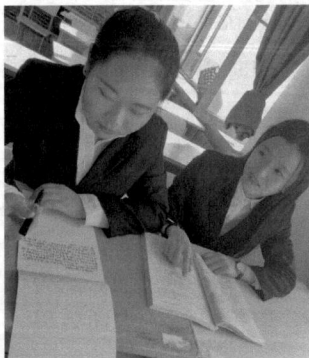

图 4.2　目光语

目光接触是沟通中常见的非语言交往。眉目传情、暗送秋波等成语形象地说明了目光在人们情感交流中的作用。

交谈时，双眼应直视对方，给人以真诚、专注和自信的感觉。保持目光接触有助于沟通双方建立良好的第一印象，向对方传递出礼貌和友好的信息。随着对方话题和内容的变换，目光应及时做出反应，或喜或惊都用目光会意，使整个交谈融洽和谐。

在人际交往中，要学会解读对方的目光和眼神：双眼炯炯有神可以向对方传递热情和执着；双眼空洞无神会给对方留下心不在焉的印象，让人觉得不值得信赖；目光不集中，游移不定，常常被认为是轻浮或不诚实的表现，容易引起对方的怀疑和防范，拉大彼此间的心理距离，形成难以跨越的障碍；长时间闭目养神、遮住双眼和耷拉眼皮的心理潜台词是"我根本不想听到这件事"；频繁眨眼是紧张或困惑的表现，当人撒谎或感觉压力大时，也会不自觉地频繁眨眼；瞪大双眼，瞳孔放大，说明感兴趣。人高兴时眼睛会发亮，悲伤抑郁时眼睛会暗淡无光。

总之，在非语言沟通中，眼睛是会说话的。一个眼神，可以传递温馨的祝福和关怀；一个眼神，可以表达殷切的希望和期盼；一个眼神，可以送去对朋友的信任和关注。

（二）微笑语

微笑是人际交往中最美好的语言之一。一个自然流露的微笑胜过千言万语，无论是初次谋面还是相识已久，微笑都能拉近人与人之间的距离，令彼此倍感温暖；微笑是一种知心会意、表示友好的笑，是在社交场合中最有吸引力、最有价值的面部表情之一。微笑对塑造自身的良好形象有着重要的作用。

图 4.3 所示为微笑语的运用。

图 4.3 微笑语

在人际交往中，微笑虽然无声，但却能表达出许多意思，如高兴、喜悦、尊敬等。微笑可以调节情绪，消除隔阂，融洽关系，促进合作。要实现有效的沟通，就要时时处处把笑意写在脸上，用亲切的笑容赢得对方的信赖、认同和尊重。例如，在面试中，应聘者应把微笑贯穿于面试的全过程，以真诚的微笑向面试官传递出友善、关注、尊重和理解，以在面试官心中树立良好形象，进而增加面试成功的概率。对面试官来说，适时的微笑也有助于营造和谐融洽的交流氛围，因为适度的微笑往往能给初次面试的应聘者莫大的鼓舞，从而有助于面试的顺利进行。

在人际交往中，要发挥微笑的功能，应做到 4 个结合：一是微笑与眼睛相结合，笑眼传神，微笑才能扣人心弦，让人觉得情真意切；二是微笑与神态、感情相结合，神态自如，感情真挚；三是微笑与仪容、仪表相结合，得体的仪态、端庄的仪表，再配以适度的微笑，就会形成完整、和谐的美；四是微笑与有声语言相结合，使说话与笑容、表意、传情融为一体，有声有色，相得益彰。

微笑是内心的真诚和友善的外在表现，是一个人综合素质的体现。因此，应从提高内在素养做起，同时辅之以严格的专业训练，掌握微笑的要领，提高人际交往中微笑语的运用能力。

著名广告人弗雷克·依文在为考林公司设计的广告中，提到了一首小诗《圣诞节一笑的价值》，揭示了人类最美好、最有价值的语言之一——微笑。

圣诞节一笑的价值

微笑不需要太多的付出，可是却有很多的收获；

微笑令收获者蒙益，可是施予者也无损失；

微笑发生在一刹那，可是给人的回忆却是永恒的；

微笑不会因为你有钱，你便不需要它，可是贫穷的人却因微笑而致富！

微笑是家庭中温馨的氛围；

微笑是生意场上制造好感的工具；

微笑是朋友间善意的招呼！

微笑使疲惫者有了休息；

微笑使失望者获得光明；

微笑使悲哀者迎向阳光；

微笑又使大自然解除了困扰！

微笑无处可买，无处渴求，无法去借，更不能去偷……

因此，在营业的最后一分钟，或许店员太累了，以致没有给你一个微笑；在与陌生人交流时，由于陌生，我们常常一脸严肃、冷漠，甚至拒人于千里之外，你能不能给他们一个微笑呢？因为没有给人微笑的人，更需要别人给他微笑。

（三）手势语

手势是使用频率最高的非语言沟通形式之一。由于双手活动幅度较大，活动方便、灵巧，形态变化也多，因而手势的表现力、吸引力和感染力极强，能表达出丰富多彩的思想感情。因此，恰当、巧妙地运用手势会为社交活动增添光彩。

图 4.4 所示为手势语的运用。

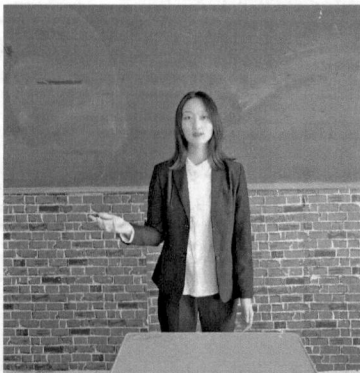

图 4.4　手势语

手势语富有极强的表情达意功能。例如，竖起大拇指通常是对某句话或某种行为表示赞赏，或对他人的举动表示感谢。另外，交通警察在马路中间指挥交通时的各种手势、裁判员在篮球比赛中所做的各种动作手势都是典型的手势语言。

手势语在沟通中有非常重要的作用。

1. 用手势语表明观点

手势语虽然比较抽象，但与口语恰当配合，意义就明确了。在阐述观点、表明态度时，辅之以一定的手势，可以使讲话内容得到强化，主旨更为突出，使人印象深刻。例如，一名大学生在演讲《为自己喝彩》中就有这样的手势：

"有人说想唱就唱是一种张狂，有人说欣赏自我是一种幼稚，还有人说放飞梦想是一种荒诞，难道事实真是如此？（手心向下，胳膊微屈，手掌稍向前伸，表示不赞成这些言论。）

也许，理想和现实相去甚远，我们才无法让自己释怀；也许，平淡的生活总在交替轮回，我们的斗志已日益磨碎；也许，屡屡的挫折与失败，使我们早已丧失了激情。（右手轻轻抚胸，平静地陈述和说明。）

可是，不想流于平庸，却又在消极中沉没；不想人云亦云，却又走不出禁闭的心牢；不想随波逐流，却又蜷缩在窠臼里叹息。这样活着，不累吗？（右手掌前伸，上下略晃动两次，表示疑惑并希望得到听众认可。）

我想，与其这样自暴自弃、一度沉沦，还不如相信自己，为自己喝彩！（拳头紧握，高举，向前摆动一下，展示自己的鲜明立场和坚定态度。）

为自己喝彩，就是要……"

演讲者的意图很明显，针对青年人普遍存在的失望、消极心态，她认为，肯定自己，正视自己，为自己喝彩才是健康的姿态。质疑是为了警醒，否定是为了提倡，手势的运用强化了她所表达的观点，使演讲主题非常鲜明。

2. 用手势语表达情感

手势能表达说话时的情感，加深听众对思想感情的理解。这种手势带有强烈的感情色彩，是个人爱憎、喜恶、褒贬的自然流露。例如，一名大学生在竞选班长时的演讲中就使用了这类手势：

"为什么？为什么我们非要戴上"差班"的帽子而不思进取？（两个手掌往下摆，掌心朝上，稍微用力，表示不满。）

有人说会计2班一没人才，二不团结。很多人默认了。但是我要说，这是逃避，是窝囊，是自甘人后！（臂微屈，手掌向下压，表示强烈反对。）

……

同学们，我的目标就是建立一个和谐美满、积极进取的班级。我相信大家也都希望生活在这样一个大家庭里。只要我们每个人献出自己的一份光和热，就没有我们会计2班做不了的事，也没有我们会计2班过不了的坎！（握紧拳头，挥动两到三次，显示挑战、精诚团结、勇往直前的决心。）"

手势语可以从视觉上给观众带来情感上的冲击。这位同学的演讲，从内容上看，说到了同学们的心坎里，震撼力是不言而喻的。而从他使用的手势来看，快速、有力，情感宣泄得淋漓尽致。当同学们的听觉与视觉都被调动起来后，其感染力、号召力是可想而知的。

3．用手势语展现美感

艺术性是手势语的一个特征。在交际场合，说话者的声音和手势往往形象、刺激。如果声音动听，姿态优雅，就能够引起对方精神、情感上的愉悦感，给人以美的享受。我们经常能从交通警察在马路上指挥交通的优美姿态中和篮球比赛场地裁判员富有个性化、形象逼真的手势中，感悟到手势语言的艺术性。

在沟通中运用手势语时，要力求做到准确和适度。手势要符合常规，使用对方能明白的手势进行表达，并使手势表达的意思与口语的意思一致。但需注意的是，手势不宜过多、过滥，以免喧宾夺主，影响对方的注意力。

六、进行非语言沟通时应注意的问题

1．注意非语言与有声语言的配合

语言沟通与非语言沟通是沟通中两种不同的沟通方式，都是为实现共同的沟通目标服务的。二者既有区别又有联系，彼此互相依赖，互相支持，相辅相成。非语言沟通作为语言沟通的辅助手段，其作用和功能的发挥应充分考虑语言表达内容的需要，使动作与语言、情感与声音有机结合，相得益彰，达到最佳的沟通效果。

2．非语言要素的表达应适度

凡事都要有一个度，超过了度就会适得其反。非语言沟通应以满足语言表达内容的需要为度。各种非语言沟通要素应在沟通总体目标的指引下，伴随着语言恰如其分地运用。例如，适宜的目光接触能表达尊重、理解和期望，但长时间盯住对方的眼睛不放，就容易让对方产生误解；适度的微笑可表示对对方的友好，但总是笑，会让人觉得不够庄重，或有求于对方，反而会对双方的沟通产生不利的影响。因此，非语言沟通的相关要素在运用中应做到适度，不能滥用。这个度，就是服从语言的表达需要，为其服务，不可滥用。如果滥用，便会喧宾夺主，削弱语言的表达效果。

3．应有选择性地使用非语言

应根据不同的时间、地点、场合及沟通气氛有选择性地使用非语言。再好的东西，如果放错了地方，都会降低其价值。例如，谈判成功了，各种非语言沟通要素（如面部表情、头部、肩膀、手、胳膊、身体姿势、动作、声调、距离等）都会有相应反应，如相约同时鼓掌，表示祝贺；或由主要负责人站起来与对方主要负责人握手。究竟采用哪种表达方式，应根据现场气氛来决定。另外，各种非语言表达方式还应根据情况有所变化，不能千篇一律。一种姿势、一种表情、一种手势一而再，再而三地重复使用，就会显得单调乏味，因此应做到灵活变通，富有新意。

4．要符合常规，保持大众化

只有各种动作、手势、表情等符合约定俗成的沟通习惯，才能让人理解和接受。沟通中，一言一行和一举一动都应恰当得体；各种动作力求简洁明了，高雅大方；避免粗俗花哨，晦涩难懂；无须矫揉造作，自然协调就好。应摒弃各种不良的沟通习惯，加强对非语言沟通艺术的学习和探索，提高非语言沟通能力。

5．以礼相待，相互尊重

人与人之间的交往，贵在相互尊重，这既是中华民族的优良传统，也是沟通的基本要求。纵观非语言沟通的全过程，每个细节、每个动作无不体现着传统文化和礼仪的要求。律己敬人既是礼仪的要求，也是有效沟通的需要。因此，加强礼仪修养，遵守礼仪规范，是树立个人良好形象、展示个人魅力的根本途径，是非语言沟通艺术的核心内容。

6．注意沟通的禁忌

在长期的非语言沟通实践中，人们总结出许多沟通禁忌，主要体现在动作、表情、眼神、空间距离把握等方面，应当作为前车之鉴。

（1）表情冷漠，目光不专注。表情是所有非语言沟通形式中最重要、表现力最强的形式之一。在与人沟通的过程中，如果能给对方一个灿烂的微笑，就会让对方感到亲切、友好，可信任，愿意进行交往；要目光专注，面带微笑，注视对方的眼睛，这样既能体现对对方的尊敬，又能表现出个人的胸怀坦荡。

（2）手势过多。与他人交流时，正确运用手势可以增强语言的表现力，但运用得太多就会显得不稳重，特别是不能用食指指对方，否则是非常失礼的。与外国人打交道时更要注意手势动作，因为不同国家和地区对手势动作的理解有较大差异。

（3）身体姿态不雅。姿态反映着人的处事态度，传递着人的心理状态和情绪，也常常显示着一个人的地位、权力和素质。在社交场合，优雅得体的姿态会给人留下良好的印象，所以，要展示出个人优雅、得体的举止风貌，那么站、立、坐、行都要合乎规范，克服个人的不雅小动作或因过度紧张而出现的不良动作。在社交场合，一言一行、一举一动都体现着一个人的素养。

（4）仪表不整洁。沟通中，穿衣打扮要体现气质，符合礼仪规范：穿着应大方得体，符合身份与场合；化妆要遵从淡雅、自然、协调、美观的原则。仪容、仪表传递着一个人的个性、身份、涵养、心理状态等多种信息。所以，要通过自己良好的仪容、仪表来体现个人的良好形象。

案例 4.1

忙碌的小王

小王是新上任的经理助理，平时工作主动积极且效率高，很受上司的器重。

那天早晨，小王刚上班电话铃就响了。为了抓紧时间，她边接电话边整理有关文件。这时，有位姓李的同事来找小王。他看见小王正忙着，就站在桌前等着。只见小王一个电话接着一个电话，最后，老李终于等到可以与她说话的机会了。

小王头也不抬地问他有什么事，并且一脸严肃。然而，当他正要回答时，小王又突然想到什么事，与同办公室的小张交代了几句……

这时的老李已是忍无可忍了，他发怒道："难道你们这些领导就是这样对待下属的吗？"说完，他愤然离去……

请思考

1．这一案例的问题主要出在谁的身上？为什么？如何改进其非语言沟通技巧？

2．假如你是小王，你会怎样做？

任务二　肢体语言艺术

一、肢体语言的含义和作用

（一）肢体语言的含义

肢体语言又称身体语言，是指由身体的各种动作代替语言借以达到表情达意的沟通目的。广义来说，肢体语言包括面部表情和身体语言；狭义来说，肢体语言只包括身体与四肢所表达的意思。

肢体语言的出现比自然有声语言要早得多。可以说，有了人类时，也就有了肢体语言。在很长的一段时间里，肢体语言曾是人类的主要沟通工具，直到出现了有声语言和文字之后，肢体语言才降到了辅助地位。然而，人们对肢体语言进行全面、系统的科学研究，是20世纪70年代以后的事情了。多年来，西方一些人类学家、语言学家、心理学家、社会学家、行为学家对人类肢体语言开展科学研究，取得了丰硕的成果，从而使人们认识到肢体语言也是一种沟通工具，在人类的沟通活动中发挥着不可替代的作用。

（二）肢体语言的作用

1. 是人类信息沟通中不可或缺的重要工具

说到肢体语言，人们自然会想到很多惯用动作的含义，如鼓掌表示兴奋，顿足表示生气，搓手表示焦虑，垂头表示沮丧，摊手表示无奈，捶胸表示痛苦。伴随着人类漫长的发展历史，肢体语言也日臻完善，成为人类信息沟通中不可或缺的重要工具。

1967年，美国加州大学洛杉矶分校的心理学家艾伯特·梅拉比安教授曾经做过一个关于人与人之间沟通有效性的研究。这个研究概括出一个简单的规则：在情绪和态度的交流中，语言内容只占了整体沟通中的7%，语气占了38%，而肢体语言占了55%，如图4.5所示。这就是经常被外界引用的7-38-55法则。语言沟通的有效性只占了7%；而语气、肢体语言等沟通方式主导了人与人之间的沟通。这一研究成果将肢体语言的作用提到了空前的高度。从严格意义上讲，这个法则的有效性会随着情景的差异而有所不同。但它至少从另外一个视角让人们认识到了肢体语言的重要性。

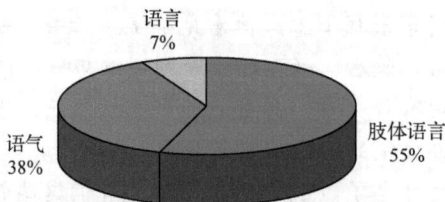

图4.5　关于人与人之间沟通有效性的研究

2. 能更准确地反映人的真实心理活动

通常人们说话时总会用一系列的动作来配合。其中的有声语言是有意识的，是受人的主观意识支配的，即在主观意识的驱使下决定说什么，怎样说；而肢体语言则往往是无意识的，且这种无意识的肢体语言恰恰是人的内心世界的真实流露，更能准确地反映人的真实意图。

在我国，人们自古就以"听其言，观其行"的方式判断有声语言的真伪，其中"行"包含肢体动作，可谓一语中的。而在英国，当有声语言与肢体语言所表示的意思不一致时，人们更愿意相信肢体语言所表示的意思。肢体语言，作为人无意识或下意识的身体动作，可直接反映说话者的真实想法。正如奥地利心理学家西格蒙德·弗洛伊德所说的："人类不自觉的心理状态，能在自身不留意之间，在行动上毫无保留地暴露出来。因为内心的精神状态，无论如何刻意地隐藏，也一定会在外表的行动上露出破绽。尽管他的嘴可以保持缄默，但他的手指却会多嘴多舌。"

3．是有声语言的拓展和延伸

肢体语言具有形象、生动、直观、个性化的特征。在沟通中，将身体语言和口头语言结合起来使用，能够使表达的含义更准确、更明了。恰当的肢体语言可以有效地提高有声语言的艺术感染力和表现力，使得有声语言表达得更生动，更形象，更容易被对方接受。此外，人们还可以在沟通过程中通过对方的姿态神情探究其心理因素，适时调整自己的沟通方式和策略，增强沟通的有效性。

4．是一种极具创造力和表现力的无声语言

肢体语言强大的艺术感染力和沟通功能，使其在沟通过程中占据着重要地位，并发挥着越来越重要的作用。肢体语言不仅对探索肢体动作与心理活动的奥秘、拓展人类沟通的空间、丰富人的情感世界和精神生活、树立良好的形象、提升人格魅力发挥着重要作用，而且会对净化人的心灵、改造人的内心世界、提高人的心理品质和道德素养产生积极的影响。

二、肢体语言的特点

1．使用的广泛性

肢体语言的使用简便快捷、灵活自由。只要人们张口说话，都会有意或无意地运用肢体语言来交流信息。肢体语言与有声语言相互配合，相辅相成，有时是有意识地自觉协调，有时是下意识地配合。肢体语言在人类交际活动中的使用频率之高、范围之广，是任何一种信息沟通语言都不能企及的。

2．表达的直观性

有声语言直接诉诸人的听觉器官，不具有视觉的形象可感性；而肢体语言则不同，它以灵活多变的表情、动作、姿态等构成一定的人体图像来表情达意，交流信息，直接诉诸人的视觉器官，具有形象、直观的特点，如形容物体的大小，可用手势来比画；对某一提议表示赞成或反对，可用点头或摇头的方式等，具有鲜明的形象性和直观性。

3．对有声语言的依赖性

离开了自然有声语言，离开了特定的语言环境，肢体语言的含义就不明确，就让人难

以辨析和领会。例如，点头的动作可表示致意、同意、赞成、承认、肯定、感谢、应允、认可、理解等不同意思，离开了有声语言特定的语境，人们就无法确切地领悟其具体的含义。肢体语言对有声语言具有依赖性，只有二者相互配合才能发挥更好的沟通效果。

4．不同文化的差异性

肢体语言是在长期的交际活动中，由一定的民族或区域社会成员约定俗成的，不能不受到民族心理、地域风尚的影响。因此，不同民族、不同地域的肢体语言也存在一定的差异。例如，中国人常以竖起大拇指表示夸奖，以竖起小拇指表示轻蔑，但是日本人常以竖起大拇指表示老爷子，以竖起小拇指表示情人；又如，在西方国家，男女之间表示亲密友好常用拥抱、接吻的方式，而在我国，除夫妻之外，就很少使用这种表达方式；再如，在阿拉伯人与英国人谈话时，阿拉伯人按照自己的民族习惯，认为站得近些表示友好，而英国人按照本国的习惯则认为保持适当距离才合适，因此当阿拉伯人往前挪的时候，英国人则随之往后退，谈话结束时，两个人的距离会比原来还要远。

5．时代性

肢体语言有历史的传承性，但不是一成不变的，而是随着时代的变迁而不断变化的。例如，我国旧社会男子见面时彼此打躬作揖，女子则道"万福"；普通百姓见到皇帝或达官贵人则下跪或五体投地；晚辈见到长辈，徒弟拜见师傅也要行叩头礼。而时代发展到今天，这些规矩则已被广泛流行的握手礼取代了。时代的发展会引起人类生活方式、生活习惯、沟通方式的变化，因此肢体语言的内涵与外延、内容与形式都会发生一定的变化。

三、肢体语言的沟通方式

肢体语言通过人体各部位的动作信号来表达人的思想和意愿。每个身体动作都传递着不同的沟通信息。下面介绍几种常见的肢体语言沟通方式。

1．首语

首语即通过头部活动来传递的信息，在表现形式上，有点头、摇头、偏头、回头、仰头、低头、垂头等多种，其中以点头和摇头较为常见。

（1）点头除可表示赞同、肯定、鼓励以外，还可表示问候、致意、感谢、满意、理解、舒畅、表扬、拥护、放心、尊敬、佩服等。

（2）摇头所指往往具有不确定性。一方被另一方问及某人、某事或某一问题时，要表示反对、拒绝，可以摇头，要表示不知道、回答不了，或者表示此时此地不便回答，也可以摇头。这就需要沟通双方根据现场情况及自己的经验去加以判断。

头部动作所表达的语言信号具有极其丰富的传情达意功能。如何动，对说话者来说，是情感的表达；对听者来说，则可由此获得信息。例如：

唐代诗人李白那首脍炙人口的小诗《静夜思》——"床前明月光，疑是地上霜。举头望明月，低头思故乡。"没有奇特的想象，没有华丽的辞藻，一个"举头"，一个"低头"，就把诗人旅途中的情怀表现得淋漓尽致。"举头"触发了思念，"低头"陷入了沉思，一"举"一"低"，动作简单，却寓意深刻。

2．手势

手势这一沟通方式就是用手（包括手指、手掌、手臂）的活动来表达情感，传递信息。手势不但能强调和解释有声语言所传达的信息，而且能使讲话的内容更加丰富、形象、具体、生动，让听者可听、可看、可悟。手势简洁易懂，易于变化，有助于口语表达更富有感染力和影响力。

手势可分为 3 种类型：一是情意手势，主要用来表达交谈中的情感，使之更形象化、具体化；二是指示手势，主要用来指示具体对象；三是象形手势，主要用来模拟人或事物的大小、形状。在哪种情况下用哪类手势应视交谈内容而定。

3．站姿

站姿是身躯站立起来说话的姿态，主要通过肩、腰、腿、脚等动作的变化来表达。通常得体的站姿能显示说话者的风度。

4．坐姿

坐姿是人们说话时身躯坐着的姿态，对有声语言的辅助作用也较大。

不同坐姿表示不同含义。例如，坐姿端正，两手平放于膝上，身体稍向前倾，是尊重、崇敬的表现；坐在沙发或椅子的前沿，身体前倾，头微微倾斜，是对话题特别感兴趣的表现；坐在沙发或椅子上，身体后仰，甚至转来转去，是一种傲慢无礼的表现。

性别不同，坐姿含义也不同。例如，男生微微张开双腿而坐，是稳重、豁达的表现；女性拢膝而坐，是庄重、矜持的表现。

5．人际距离

因情感亲疏而表现出的人际间距离的变化，在心理学上称为人际距离，如图 4.6 所示。

图 4.6　人际距离

人际距离会直接影响沟通效果。人类学家观察发现，人与人之间在面对面的沟通中，常因彼此间的情感亲疏不同，而不自觉地保持不同的距离。显然，空间距离的变化是双方当事人进行沟通时在肢体语言上的一种情感性的表示：彼此熟悉时，距离就近一点；彼此陌生时，就保持一定的距离。

四、运用肢体语言的基本要求

根据肢体语言的特点和沟通方式，运用肢体语言时有以下基本要求。

1．注重整体协调，争取最佳的组合效应

肢体语言是由各种动作语言（包括首语、手势、眼神等若干分支语言）组成的，是具有特定功能的完整体系。各种肢体语言具有不同的信息沟通功能，它们既有分工，又紧密联系，并与有声语言相配合，共同完成信息沟通任务。为了发挥肢体语言的整体功能，必须在统一的沟通目标的指导下，加强内部协调，并与有声语言协同一致，以取得最佳的组合效应。

2．根据不同的场合、对象和沟通目的，有选择性地运用肢体语言

不同场合、对象和谈话目的、沟通方式对肢体语言的运用有着不同的要求，应当有选择、有节制。肢体语言的运用要与特定的语言环境相适应，与讲话目的相吻合，与有声语言的内容相匹配，与现场的沟通气氛相一致，力求准确无误地表达自己的思想感情。各种动作语言应与有声语言保持同步，并根据表达内容的需要，恰当地运用肢体语言。

3．准确地理解和判断对方肢体语言的含义

这是正确运用肢体语言的前提。为此，沟通之前应做充分准备，了解对方沟通的意图，以及对方的性格、特点、沟通习惯等，有针对性地做好沟通准备。在现场沟通过程中，应认真倾听，细心观察，善于从对方的目光、表情、身体动作与姿势，以及彼此的空间距离中感知到对方的心理状态和真实意图，以便采取相应的沟通措施。语言沟通是双向的信息交流活动，应培养自己敏锐的观察力，读懂对方的肢体语言，有助于在双方的沟通中赢得主动，实现有效沟通。

4．和有声语言配合默契

这是运用肢体语言的关键。肢体语言不能脱离有声语言单独发挥作用，但却能提升有声语言的表达效果，二者相互依存，相辅相成。肢体语言与有声语言相结合，动作与情感相交融，才能创造出整体和谐与完美的效果，表现出文明和高雅的风度美、气质美、韵致美，塑造自己的良好形象。

5．追求自然

这是运用肢体语言的理想境界。自然是一种状态，是表里如一、言行一致的体现。因此，自然、得体是肢体语言的第一要求。肢体语言是富有个性和创造性的表达艺术，是人的内在性格、气质和修养的综合体现，是人的心理活动在身体动作上的自然流露，不是刻意模仿、装扮所能做到的。自然得体的肢体语言不仅能令人信服，而且能起到事半功倍的作用。

任务三　副语言艺术

一、副语言的含义

副语言是指不以人工创制的语言为符号，而以其他感官诸如视觉、听觉、嗅觉、味觉、触觉等的感知为信息载体的符号系统，在语言学术界有广义和狭义之分。

1．广义的副语言

广义的副语言除包括狭义的副语言（稍后介绍）以外，还把无声而有形的现象，即与话语同时或单独使用的身体动作、面部表情、服饰、对话时的位置和距离及物理环境等纳入了其中。副语言究竟如何界定，学术界一直存在着争论。

2．狭义的副语言

狭义的副语言是指伴随有声语言而出现的特殊语音现象，包括说话者的语调、语速、语顿、重音、音质和笑声、叹息声、呻吟声、叫喊声等。副语言虽然有声音，但因为本身没有固定的语义，所以不能称之为语言，故称之为副语言。

狭义的副语言是一种有声但没有语义的辅助语言，是词汇读音之外的"声音因素"。这些"声音因素"伴随着有声语言传递信息，交流思想，因而副语言与有声语言之间有着密切的联系。研究发现，副语言尤其能表现出一个人的情绪状况和态度，影响到人们对信息的理解以及交际双方的相互评价。英国语言学家戴维·克里斯特尔指出，音高、重音、音渡等音位应属于语言，但是发音时提得特别高，念得特别响，拉得特别长，还有其他一些超音段效果，就属于副语言。

副语言能改变有声语言的意义，并能更完美地表达人的情绪和情感。例如，过去在收听球赛实况转播时，尽管看不见播音员的面容和动作，有时也不能完全听清播音员说话的内容，但却可以从播音员尖锐、短促甚至声嘶力竭的语调中感知其兴奋或紧张的心情，而从其低沉的叹息声中感知其惋惜之情。例如：

意大利著名的悲剧影星罗西在一次欢迎外宾的宴会上应邀为客人们表演了一段悲剧，他用意大利语念起了一段"台词"，尽管客人们听不懂"台词"内容，却因他那动情的声调和表情而流下了同情的泪水。

可是罗西念的根本不是什么台词，而是宴席上的菜单。

菜单并无其他含义，然而，罗西却用多变语速、语调等生动的副语言，为之赋予了全新的内容，让客人们泪流满面。

以上事例说明，这种伴随着话语而发生，并能表情达意的副语言，其所表达的意义，并非来自词汇本意。确切地说，它是由人的内在情绪、情感和态度所决定的。本书所讲的副语言指狭义的副语言。

3．副语言与有声语言的区别

有声语言注重表达的内容，而副语言注重表达的方式。在不同语境中，面对不同的交际对象，语音、语调、说话方式等都不同。同样一句话，在副语言各种要素的作用下，便会传递出不同的意思。副语言虽然也以声音的形式出现，但从语义上与有声语言有着根本的区别。副语言不像绝大多数常规词汇那样有较为确定的语义，沟通双方往往需要根据交谈时的情景、个人情绪等因素来判定，还要参照说话者一贯的态度、语气、语调、语速、停顿等因素加以综合考虑。总之，副语言与有声语言既有相通之处，又有明显的区别。

二、副语言的分类、交际功能和特点

（一）副语言的分类

副语言作为一种表情达意的符号，有其完整的构成体系。综合中外有关文献，依据副语言的语音、在交际中的意义和功能，现将副语言分成 5 类。

1. 个人音质符号

个人音质符号指由个人生理条件决定的个人声音特征，包括音色、音速、音量、节奏和重音。个人声音特征具有相对的稳定性和个体性。

2. 声音修饰符号

声音修饰符号指会话中的笑声、哭声、喊声、低语、悲叹、咳嗽、打哈欠等副语言行为，又称功能性发声，如高兴的笑声、伤心的哭泣声、疲惫的叹息声、痛苦的呻吟声、吃惊的叫喊声等。从说话者的声音修饰符号中，听者可以推理出说话者的心理、生理状态等方面的信息，成为交际语境的一个重要组成部分，直接影响交际效果。

3. 声音区别符号

声音区别符号又称声音限定符号，指声音响度、音高、音量、重音、音速和语调的变化，以及对发音器官加以控制而产生的表示不满、愤怒、怜悯、爱怜、喜悦等情感的特殊声音效果。声音区别符号具有决定话语意义的作用，如简单的一个称呼语"小李"，高声喊和低声喊含义不一样，轻轻喊和使劲喊含义不一样，急促喊和拖长声音喊含义不一样，等等。

练一练

用下列不同的声音喊同桌的名字，询问对方的感受有什么不同。
A. 高声 B. 低声 C. 轻轻 D. 使劲 E. 急促 F. 拖长声音

4. 声音分隔符号

声音分隔符号指会话中插入的"嗯""嗯嗯""啊""哦""呃"、停顿、沉默等，其作用是将话语中的词语与词语、句子与句子、段落与段落隔开，在一定程度上起到书面语中标点符号的作用，但又比标点符号系统更细致、更复杂，可以反映出说话者的语言能力和语言策略，准确地反映说话者当时的心理和生理状态，以及话语中微妙的更深层的含义。例如：

古代故事中的"下雨天，留客天，天留我不留。"如果变换一下停顿的地方，变成"下雨天，留客天，天留我不？留。"表达的意思就大不相同。

又如：

一个有口吃缺陷的顾客去饭店买面条，服务员热心地问他要不要免费的辣椒油。

顾客看着服务员盛辣椒油的勺子说："少。"

服务员添了一勺辣椒油。

顾客又说了一句："少。"

服务员好心地说："你不怕辣吗？"无奈又添了一大勺辣椒油。

顾客脸红了，一紧张，说："少，少点，我，我不能吃太辣的。"

......

5. 声音替代符号

声音替代符号是指会话中应答时取代某些词或话语发出的"嗯""哟""嘻""哦"等非语言声音。声音替代符号能够较为准确地将特殊的意思表达出来。在会话中加入声音替代符号可以使会话更简洁、更紧凑，有时还能够很好地调节人际关系。

例如：

"明天军训会操，早点睡，可千万不能迟到哇！"

小明答应一声："嗯！"（表示：我知道啦，我会早点睡的！）

副语言与其他非语言要素相同，其声音信息大多是无意识的，或者是受潜意识支配的。所以，副语言的各种暗示更能反映出人的态度、感情、自制力、脾气、个性、背景或身体特征。虽然时间、情境等因素的不同可以导致使用的表达方式不同，但人们确实可以利用声音暗示来调节整体情绪和感觉。

（二）副语言的交际功能

副语言的交际功能是由其丰富的意义信息决定的。在人际交往中，虽然副语言的运用大多是在不自觉的情况下完成的，但在许多场合下，人们运用副语言也要从自己所要传递的信息出发，依据交际情景选择副语言。因此，在人际交往中，副语言作为语言交流的辅助手段，通常具备以下3个功能。

1. 判断性格

根据个人声音特征（音质、语调、语气、语速等）可以判断出一个人的年龄、性别、身体状况、性格特点、社会地位、从事的职业等方面的基本信息。在人际交往中，参与者都自觉或不自觉地相互传达着自己的各种信息，以便交际能够顺利地进行。

一般来说，说话声音大、语调没有起伏、语气冲、说话比较快的是外向型的人，这种人性格活泼开朗，不拘小节，易急躁，易冲动；反之，说话谨小慎微者则性情温和，做事认真，爱面子，有小脾气，爱生气。

2. 控制交际过程和节奏

通过"啊""哦""嗯"之类的副语言可以控制整个讲话节奏，不给他人插话机会，按照个人意图来控制交际过程和节奏。例如，有的人说话比较强势，语气咄咄逼人，通过大量的"啊""哦"等副语言声音分隔符号来控制自己的发言权,以防止别人插话或打断,非常容易引起大家的反感。

3.调节语气

副语言直接影响语言的意义信息,具有补充、强调、重复、否定语言信息及替代语言表达和调节语气的功能。

(三)副语言的特点

有声而无固定的词义是副语言的显著特征。这使之既区别于肢体语言,又区别于自然的有声语言。作为沟通中的一种不可或缺的重要手段,副语言具有如下特点。

1.情感性

所谓情感,是人对客观事物是否符合自己的需要所做出的一种心理反应。情感是副语言表达的动力和源泉。副语言始终伴随着情感,是人的情感运动的产物。副语言表达的情感以态度、感情色彩等方式体现出来。态度可分为肯定与否定、严肃与亲切、祈求与命令、委婉与直露、坚定与犹豫等;感情色彩则可分为爱憎、悲喜、急缓、怒疑等。

在人际交往中,副语言把人的内心情感通过语气、语调、重音、语速、停顿等手段真实地表达出来。这种表达方式比口头语言更加形象逼真,更具表现力,更容易被人接受。它超越单纯词语所表达的含义,使人听到弦外之音。副语言这种极具感情色彩的表达方式,是其他任何语言都无法比拟的。

2.真实性

有声语言受人的主观意识支配,而副语言大多是无意识的或受人的潜意识支配的。语言可能造假,如人有时会说谎,但副语言却是真实心理的自然流露,无法掩饰。例如,人们获知好消息时眉开眼笑,不自觉地发出"呵呵呵!"的声音;遇到挫折时垂头丧气,语调低沉阴郁;不屑时会用嘲讽的语气说话……这些都是副语言表露内心情感的实例。与有声语言相比,副语言所表达的思想更准确,流露的情感更真实,所以在有声语言与副语言表达不一致时,人们更愿意相信副语言而不愿意相信有声语言。

3.简洁性

副语言的构成简洁,使用方便,不需要冗长复杂的话语符号,只需要变换语调、语气、节奏或重音就可以达到传递信息的目的。

例如,已故艺术家赵丽蓉老师和巩汉林在小品《如此包装》的表演中有这样一段对话:

巩汉林:"赵妈!奶奶!姥姥!姥姥啊,您不能走啊!您一走我们公司那就完了!"

赵丽蓉老师:"完了?嗯哼!嗨!"

赵丽蓉老师的巧妙回答仅用了一个"嗯哼",伴随着伸出双手、耸耸肩的姿态语,并且通过语调及语气的变换,把嘲讽与谴责交织在一起,表现了一位普通老人明辨是非、不为金钱所动的高尚品质,体现了副语言简洁、耐人寻味、富有感染力的特点。

4.辅助性

副语言作为辅助手段,对语言交际有着补充说明的作用。在表达情绪、情感时,只要通过语调、语气的改变就能够达到目的。例如：

一个女孩给男朋友打电话说："如果你到了，我没到，你就等着吧；如果我到了，你没到，你就等着吧！"

这里出现了两次"你就等着吧"，依据具体语境，很容易猜出第一句表达的意思——如果你先到了，就等着我来。第二句明显就带有威胁性的语气——如果我先到了，你没到，后果相当严重。

同样的话语，只是语气不一样，表达的意义就截然不同。

5. 替代性

副语言具有能替代语言交际的特点。这一特点使交际双方在不便或不愿运用语言传递信息时，只需变换语调、语气、节奏等就可以达到预期的目的和效果。例如：

有一个人总是不厌其烦地当众炫耀自己的成绩，别人都听腻了。

于是有人说了句"佩～～服！"（"佩"字起点特别高，终点特别低，中间又拉得很长）便走开了。

简简单单的两个字，替代了许多不愿意表达的话语，省去了很多麻烦和烦恼，既避开了他人的唠叨，又不伤及对方的自尊。在有些不便说又不好说的场合，可使用副语言替代语言，有时能很好地化解危机。

想一想

你寝室的同学炫耀自己的衣服多么漂亮，你都听了好多次了，该怎么用副语言巧妙应付呢？

三、副语言的表达技巧

副语言是伴随着有声语言而出现的特殊语言，是人际交往中不可或缺的表达方式。副语言的表达技巧是一种超常规的、富有灵活性和创造性的语言技巧，对于正确表达语义、调节沟通气氛、提高沟通效果具有重要意义。下面对副语言中语调、语顿、语速、重音、笑声等的表达技巧进行简要介绍。

（一）巧妙运用语调，更完美地传情达意

1. 语调的含义

语调即说话的腔调，是一句话声调高低、声音轻重、语速快慢的配置。一句话除了词汇意义以外，还有语调意义。语调意义就是说话者用语调所表示的态度或语气。词汇意义加上语调意义才算完整的意义。同样的句子，语调不同，意思就会不同，有时甚至会相差千里。

2. 语调的分类和作用

汉语表达中的语调通常分为平直调、弯曲调、降抑调、高升调，这是汉语语调的常规运用。

副语言的超常规运用，是指在用语调 1 的地方却巧用语调 2，语调互相转换使用，进一步增强口语表达效果。也就是说，可以将常规运用中的平直调运用为降抑调，将平直调

运用为弯曲调，将高升调运用为降抑调，达到较好的表达效果。

例如，通常在英雄事迹报告会或重大事故汇报会上，可以听到新闻播音员在讲到事故的发生时间时，如"2019年……1月……12日（采用降抑调）……"将汉语语调常规运用的平直调巧妙地转换为低沉的降抑调，既表达了本人悲哀的心情，又感染了听众的情绪，渲染了气氛。

练一练

用各种语调说"你什么意思？"表达的含义有什么区别？

（二）超常规运用语顿，以形成悬念，引发联想

1. 语顿的含义

语顿即说话中的语言停顿。汉语常规语顿的使用规则：词语间的语顿最短，句子间的语顿稍长，段落间的语顿最长。而副语言使用的语顿是对常规语顿的超常规运用，是将词语间的语顿和句子间的语顿灵活运用在实际语言环境中的语言技巧。

2. 语顿的作用

语顿虽然是无声的，但它同样能够表达一定的思想内容，有时在特定的语言环境中所表达出的思想内容是有声语言无法表达的。再回顾一下在中国外交史上传为佳话的经典案例：

新中国成立之初，周总理在一次中外记者招待会上介绍了我国的经济建设情况和对外方针后，请记者们提问题。

一位西方记者提问："请问中国人民银行有多少资金？"提问有弦外之音，寓意中国国库亏空。

周总理从容不迫又幽默地答道："中国人民银行的资金嘛，现有18元8角8分。"说到这里，周总理有意停了下来，此时全场为之愕然，鸦雀无声，这位记者沾沾自喜。

周总理环视全场一周，解释道："中国人民银行发行面额为10元、5元、2元、1元、5角、2角、1角、5分、2分、1分的10种主辅币（人民币），合计为18元8角8分。中国人民银行是中国人民当家做主的金融机构，有全国人民做后盾，信用卓著，实力雄厚。它所发行的货币，在国际上享有盛誉。"周总理话音未落，全场便响起了热烈的掌声。

这位记者要的是一个数字，周总理就给他了一个数字，然后巧用较长的语顿制造悬念，配合"环视全场一周"的体态语，给听众以短暂的时间进行联想，又使听众聚焦于下面的解释内容。全场听众恍然大悟后为周总理的智慧报以热烈的掌声。这个语顿表达的思想内容是有声语言无法表达的，这就是巧用语顿产生的奇妙效果。

（三）根据表述需要调整语速，以求最佳表达效果

1. 语速的含义

所谓语速，是指人们在使用具有传播或沟通意义的词汇表达或传播信息时，单位时间内所包括的词汇容量。一般来讲，在较平和的语言环境中，常规语速为中速；在较紧急的语言环境中，常规语速为快速；在较悲哀的语言环境中，常规语速为慢速。

2．语速的作用

副语言的语速运用是指在表述中该用中速的地方却用快速或慢速，该用慢速的地方却用快速等。例如，相声演员说绕口令、报菜名的时候，故意加快语速，显示说话顺溜、基本功扎实，以引起观众雷鸣般的掌声。

（四）超常规运用重音，以充分表达思想和情感

1．重音的含义

在语音学中，重音是相连的音节中某个音节发音突出的现象。

重音可分为通过增加音强来表示的力重音和通过音高的变化来表示的乐调重音，还可分为固定重音和自由重音。汉语重音是在表达时有意对某些词语加重音量的语音现象，强调重音是在不同的语言环境中根据表达的需要而赋予的语音现象，是副语言在交际语言中对汉语重音的超常规运用。

2．重音的处理方式

（1）重音重说：将强调的重音词语重说，将非强调的重音词语轻说，形成强弱对比、突出重音的表达技巧。

（2）重音轻说：将重音词语轻说，由实变虚，声少气多，将非重音词语重说，形成反衬的表达技巧。例如，列车播音员在即将到达终点站时的播音如下：

"各位旅客，本次列车终点站丽水站即将到达，请您提前带好行李和物品，准备下车，一路上**感谢您的**支持和配合，欢迎您再来乘坐本次列车，**再见！"**

播音员巧用重音轻说，既表达了亲切的关心和诚挚的谢意，又使旅客感到备受尊重，取得了良好的表达效果。

（3）重音高说：将强调的重音词语音量提高，将非强调的词语音量降低，突出重音，使表述的语言高低映衬，从而达到表述目的的表达技巧。例如，学校领导在教师节慰问时的讲话如下：

"最后，我代表领导班子，向大家辛勤的**努力表示衷心的感谢，**并致以节日的**祝贺！"**

重音高说表达了领导对全校教职工的炽热感情。

（4）重音慢说：将强调的重音词语适当延长音节，有意慢说，起到再强调的作用。例如，婚礼宴会上的贺词如下：

"祝你们，花～～好～～月～～圆，百～～年～～好～～合！"（越来越慢。）

重音慢说配合有声语言，表达了热情而诚挚的祝愿，有良好的表达效果。

（五）巧用笑声，让沟通更融洽

1．笑声的含义

笑声是笑的时候发出的声音或犹如笑的声音。副语言中的笑声、哭声、叹息声、呻吟声以及因惊恐而发出的叫喊声都是人类功能性的发声，能够准确地传递信息，表达情感。当这种功能性的发声配合有声语言出现的时候，它的语义及辅助作用就进一步凸显出来了。

2. 笑声的作用

笑声是通过发出声音的笑来传递信息的，是人们内心情感的自然流露。它和微笑不同，微笑是无声的笑，属于体态语言，通过面部表情来传递信息；笑声是功能性的语言现象，通过功能性的发声来传递信息，属于副语言。

笑声多种多样，有开怀大笑、捧腹大笑、放声大笑、哈哈大笑、狂笑、奸笑、狞笑、嘲笑、冷笑等。不同的笑声在具体语言环境中的意思不同。

在交际活动中，用恰当的笑声，即使不说话，也能完整地代替所要表达的含义，甚至胜似语言的表述。例如：

在美国作家马克·吐温还不太出名时，有人把他介绍给格兰特将军。

两人握手后，马克·吐温拘谨地不知道怎么开口，而格兰特将军也保持一贯的缄默状态。最后还是马克·吐温结结巴巴地说了一句："将军，我感到尴尬，您呢？"

格兰特将军听后发出了一连串"哈哈哈哈哈……"爽朗的笑声，随后两个人在愉快的气氛中开始了交谈。

这串爽朗的笑声所传递的信息打破了沉默和尴尬，使沟通气氛一下子活跃起来。此时的笑声胜过了有声语言。

又如：

老王和老张本来是一对好朋友，但由于工作中的一点误会产生了隔阂，两人好长时间不说话、不来往。

有一天老王主动跑到老张家，进门就说："老张啊，我今天是来唱'将相和'的！"

老张感到不好意思，忙接过话头说："要唱'将相和'我也得负荆请罪啊！"

随后两个人在"哈哈哈哈"的笑声中握手言和。

试想，如果没有笑声的配合，要驱除各自心中的阴云，不知要说多少话，而效果未必会有这么好。"一笑泯恩仇"，笑声是人际交往的润滑剂，能把人与人之间的沟通引入佳境，这也正是副语言表达技巧的魅力。

【知 识 检 测】

一、填空题

1. _____指的是以表情、目光、手势、形体、姿势、空间、语调等非自然语言为载体所进行的信息传递，是不使用任何词语的信息沟通方式。

2. 非语言沟通具有以下特点：_____、_____、_____、_____、_____。

3. 狭义的肢体语言只包括身体与_____所表达的意思。

4. 狭义的_____是一种有声但没有语义的辅助语言，是词汇读音之外的"声音因素"。这些"声音因素"伴随着有声语言传递信息，交流思想。

二、单选题

1. 交谈时，双眼直视对方，目光停留在对方眼与嘴部之间的三角部位，会给人以（　　）的感觉。

A. 真诚、专注和自信

B. 傲慢无礼

C. 不自信

2. 对于如何提高微笑语言的运用能力，有以下 3 种认识，你认为哪一种是正确的？
（   ）

A. 微笑是天生的，有的人天生爱笑，无须培养和训练

B. 微笑是一种交际技巧，只要掌握技巧就可以了

C. 微笑是内心的真诚和友善的外在表现，是一个人综合素质的体现。因此，应从提高内在素养做起，同时辅以严格的专业训练

3. 因情感亲疏而表现出的人际间距离的变化，在心理学上称为人际距离。通常情况下，关系越亲密，人际距离越（   ）。

A. 远

B. 近

4.（   ）是副语言的显著特征。这使之既区别于肢体语言，又区别于自然的有声语言。

A. 有声而无固定词义

B. 无声而有固定词义

C. 有声且有固定词义

三、简述题

1. 简述非语言沟通的含义。

2. 简述非语言沟通的原则。

3. 如何发挥微笑在沟通中的作用？

4. 谈谈进行非语言沟通时应注意哪些问题。

5. 简述运用肢体语言的基本要求。

【综 合 实 训】

综合实训一　运用和解读目光语

1. 实训内容和要求

两人一组，模拟在办公室见面的场景。准备两把交谈用座椅。

（1）问好→握手→双方目光接触→目光短暂停留→落座交谈→会见结束。

（2）记录会见时通过目光接触了解到的对方的心理状态信息。

（3）两人相互交换看法，总结交流运用和解读目光语的能力。

2. 实训验收

组员互相评分，教师对学生的表现评分。

项　目	分　值	组员评分（40%）	教师评分（60%）	实 际 得 分
举止大方	20分			
服饰得体	30分			
仪表端庄	20分			
自然和谐，不紧张	20分			
符合常规，无沟通禁忌	10分			
合计	100分			

综合实训二　在竞选演讲中运用非语言沟通

1. 实训内容和要求

模拟班委会成员换届竞选演讲大会场景，选出 10 名同学参加竞选演讲，每人演讲发言 5 分钟，演讲稿自拟。

2. 实训验收

由全班同学和教师为每位同学打分。

项　目	分　值	同学评分（40%）	教师评分（60%）	实 际 得 分
非语言要素的表达准确	20分			
非语言与有声语言配合默契	30分			
动作与语言、情感与声音有机结合	20分			
演讲流利不卡顿	30分			
合计	100分			

项目五 商务礼仪概述

知识目标

1. 了解礼仪文化的起源与发展
2. 掌握商务礼仪的基本概念
3. 明确商务礼仪的作用与原则
4. 熟悉商务人员应具备的礼仪素养

能力目标

1. 树立正确的礼仪观念
2. 提升职业素养

情景剧导入

礼仪知识"大比拼"

人物： 同学小张、小王、小李。他们是来自不同城市被××学校录取的大一新生，平时兴趣相投，形影不离，都对礼仪学习很感兴趣。

地点： 高校某教室的一角。

旁白： 今天是周末，3个好伙伴约定在教室来个"大比拼"，刚好看到一个没人的教室，他们走了进去。

小张："听说你们两个经常去图书馆看关于礼仪方面的书，那今天我考考你们呗，谁输了谁请大家喝奶茶。"

小王："我从高中就开始读古代关于礼仪方面的书籍了，估计你考哪些我都会。"

小李："你就吹吧，不一定谁赢呢，我昨天听学长说学校前门有家网红奶茶店，就等着你请我们喝奶茶呢。"

小张："好，那我们开始了。请告诉我'人而无礼，胡不遄死？'出自哪里？"

小李："《诗经》。"

小张："真厉害，行，加1分。"

小李用眼神白了下小王。

小张："'不学礼，无以立。'这句话是谁……"

小王："孔子。"没等小张说完，小王就脱口而出，而且用眼神"回敬"了小李。

小张："厉害，也加1分。"

小张："礼仪起源于哪里？"

小李："礼仪起源于祭祀。东汉许慎的《说文解字》对'礼'字的解释是这样的：'履也，所以事神致福也'。"

小王："不对，礼仪起源于法庭的规定。在西方，'礼仪'一词源于法语的'Etiquette'，原意是'法庭上的通行证'。"

小张："嗯，这道题你们都可以得分。最后再问一道题，封建社会，哪两个朝代是封建礼教发展的两个高峰期。"

小王："汉朝和宋朝。"

小李："宋朝和唐朝。"

【分析】

请你猜谁输了。

任务一　礼仪文化的发展历史

一、礼仪概述

管子曰："仓廪实而知礼节，衣食足而知荣辱。"意思是，粮仓满了，人们就知道要讲究礼节了；衣食无忧了，人们就知道要讲荣辱了。

随着社会经济的飞速发展，经济交往日渐增多。人们在进行经济交往时，越来越在意如何以恰当的方式表示对交往对象的尊重，从而营造良好的交往氛围，取得共赢的结果。

中国是世界闻名的礼仪之邦，礼是中国文化的突出精神，也是中国古代伦理思想的基本概念之一。好礼、有礼、注重礼仪是中国人立身处世的重要美德。中国伦理文化从某种意义上可以说是礼仪文化。

1．礼的定义

礼是中华民族的美德之一。作为道德规范，它的内容比较复杂。《诗经》言："人而无礼，胡不遄死？"孔子说："不学礼，无以立。"礼，作为伦理制度和伦理秩序时，谓"礼制""礼教"；作为待人接物的形式时，谓"礼节""礼仪"；用于个人修养、涵养时，谓"礼貌"；用于处理与他人的关系时，谓"礼让"。

2．礼仪的定义

礼仪是礼和仪的统称，是人们在社会交往活动中，为了相互尊重，在仪容、仪表、仪态、仪式、言谈举止等方面约定俗成的、共同认可的行为规范。礼是礼貌、礼节，仪则包括仪容、仪表、仪态、仪式等内容。礼源于人的恭敬之心、辞让之心，出于对长辈或对道德准则的恭敬和对兄弟、朋友的辞让之情。

礼貌主要指在人际交往和社交过程中表现出来的敬意、友善和得体的气度和风范。礼貌的思想核心和首要内容是一种敬人的态度。例如，商务人士在接待客户时应"来有迎声，问有答声，走有送声"，将"谢谢你""对不起""请"等礼貌用语常挂嘴边。再具体来说，"请"是必须挂在嘴边的礼貌用语，如"请问""请原谅""请留步""请用餐""请指教""请稍候""请关照"等。频繁使用"请"字，会使话语变得委婉而有礼貌，是比较自然地把自己的位置降低、将对方的位置抬高的好办法。

3．礼节的定义

礼节是个人在社会交往过程中相互表示尊重的各种形式，包括动作形式和语言形式。

例如，握手、鞠躬、磕头等是动作形式，问候、道谢、祝颂等是语言形式。这些习惯形式在历史进程中随着时代的发展而不断发生变化，在同一时代又有着极大的地域性差异。礼节的应用强调的是得体，即根据不同的交际对象和交际场合施以恰当的礼节。比如，在中国古代见了尊者行跪拜礼，在当今时代就有点不合时宜。在现代社会，人们更习惯用点头、微笑、握手、鞠躬等形式致以问候与敬意。

4．仪式的定义

仪式是指围绕一定的主题所举办的某种专门规定了程序化行为规范的活动，场合一般较大且较隆重，以表示重视、尊重和敬意，如在日常生活中的结婚仪式，在商务场合中公司的开业典礼、庆祝典礼、欢迎仪式、签字仪式等。仪式也是企业宣扬企业文化、展示企业风采、增强组织凝聚力的重要手段。

5．仪容、仪表、仪态的区别

仪容、仪表、仪态是指人的外表，但仪容重在人的容貌，仪表重在人的服饰、风度，仪态重在人的姿态。仪容、仪表、仪态综合起来，构成了一个人展示给他人的外在形象。将良好的形象展示给他人是尊重他人的具体表现。

二、商务礼仪概述

1．商务礼仪的定义

商务礼仪，顾名思义，与其他礼仪的区分重点就在"商务"二字上，是指在商务场合中，人们相互表示尊敬、问候、祝愿的礼节和礼貌，是商务人士的仪容、仪表、仪态以及与工作有关的各种仪式活动的总称。

2．商务礼仪的适用情景

商务礼仪特指在商务时间、商务场合、商务环境才适用的礼仪，强调的是"商务"这个特定情景，它与生活礼仪有所区别，体现的是商务人士的职业素养。

3．商务礼仪的重要性

在商务场合中，商务人士个人的形象并不仅仅代表自己，还代表着这个人所工作的企业、所服务的公司，这一点与社交场合是有很大区别的。因此，在商务场合中，商务人士的仪容、仪表、仪态等一切言行举止都格外重要。每个员工的良好形象在商务交往中都是企业的良好形象，任何一个员工的不良形象都会破坏整个企业的良好形象。

> **案例 5.1**
>
> **到手的订单为什么飞了**
>
> 　　某公司新建的办公大楼需要添置一系列空调设备，价值数百万元。公司的总经理已决定向 A 公司购买这批空调。
>
> 　　这天，A 公司的销售部负责人打来电话，要上门拜访这位总经理。总经理打算等对方来了就在订单上盖章，定下这笔生意。

不料对方比预定的时间提前了 2 个小时，原因是对方听说这家公司的员工宿舍也要在近期内落成，希望员工宿舍需要的空调也能向 A 公司购买。为了谈这件事，销售部负责人还带来了一大堆资料，摆满了台面。总经理没料到对方会提前到访，刚好手边又有事，便请秘书让对方等一会儿。这位销售部负责人等了不到半小时，就开始不耐烦了，一边收拾资料一边说：“我还是改天再来拜访吧。”

这时，总经理发现对方在收拾资料准备离开时，不小心将自己刚才递上的名片掉在了地上，且未发觉，走时还无意从名片上踩了过去。但这个不留意的失误，却令总经理改变了想法，A 公司不仅没有机会与对方商谈员工宿舍的空调采购事宜，而且连原来即将到手的数百万元的生意也告吹了。

请思考

A 公司销售部负责人犯了什么错误？

三、礼仪的起源与历史

（一）礼仪的起源

商务礼仪是礼仪的一个方面，那么就得探寻礼仪的起源。从理论上，可以说礼仪是人类社会为协调主客观矛盾的需要，为满足自身欲望和实现欲望的条件之间动态平衡的需要而产生的，大致可以分为 3 种观点。

1. 礼仪起源于祭祀

古代“礼”字的写法如图 5.1 所示。

图 5.1 古代“礼”字的写法

东汉许慎的《说文解字》对“礼”字的解释是这样的：“履也，所以事神致福也。从示从豊，豊亦聲。”意思是实践约定的事情，用来给神灵看，以求得赐福。从中可以分析出，“礼”字与古代祭祀神灵的仪式有关。古时祭祀活动不是随意进行的，它是严格按照一定的程序、一定的方式进行的。郭沫若在《十批判书》中指出：“礼之起，起于祀神，其后扩展而为人，更其后而为吉、凶、军、宾、嘉等多种仪制。”这里讲到了礼仪的起源，以及礼仪的发展过程。

2. 礼仪起源于法庭的规定

在西方，“礼仪”一词源于法语的“Etiquette”，原意是“法庭上的通行证”。古代法国为了保证法庭中活动的秩序，将印有法庭纪律的通行证发给进入法庭的每个人，作为应遵守的规矩和行为准则。后来"Etiquette"一词进入英文，演变为"礼仪"的含义，指人们交往中应遵循的规矩和准则。

3．礼仪起源于风俗习惯

人是不能离开社会和群体的，人与人在长期的交往活动中，渐渐地产生了一些约定俗成的习惯，久而久之这些习惯成了人与人交际的规范。当这些交往习惯以文字的形式被记录并同时被人们自觉地遵守后，就逐渐成了人们交际的固定礼仪。

遵守礼仪，不仅使人们的社会交往活动变得有序，有章可循，而且使人与人的交往更具有亲和力。1922年《西方礼仪集萃》一书问世，开篇中这样写道："表面上礼仪有无数的清规戒律，但其根本目的在于使世界成为一个充满生活乐趣的地方，使人变得和易近人。"

从礼仪的起源可以看出，礼仪是在人们的社会活动中，为了维护一种稳定的秩序，为了保持一种交际的和谐才应运而生的。一直到今天，礼仪依然体现着这种本质的特点与独特的功能。

（二）中国礼仪的发展历程

1．原始社会的礼仪（约公元前 21 世纪以前）

礼仪起源于原始社会，在原始社会中晚期（约旧石器时代）出现了早期礼仪的萌芽。原始社会时期，人类还处于蒙昧的状态，生产力水平低下，人际关系十分简单，礼仪也非常简朴。由于对大自然和人自身的认识十分有限，人类对于很多现象不能给予正确的解释，因此，崇拜大自然、崇拜图腾、祭天敬神成了原始社会礼仪的主要内容。同时，这一时期的社会只有等级而没有阶级，因此这时的礼仪反映了等级的观念，但还不具有阶级性。

图 5.2 所示为原始社会的礼仪。

图 5.2　原始社会的礼仪

2. 奴隶社会的礼仪（公元前 21 世纪—公元前 221 年）

这个时期，原始社会逐步解体，人类进入了奴隶社会，礼也被打上了阶级的烙印。礼仪成为维护奴隶主的尊严和权威、调整统治阶级的内部关系、麻醉和统治人民的工具。全面介绍周朝制度的《周礼》是中国流传至今最早的一部礼仪专著，全面系统地反映了周朝的礼仪制度，第一次形成了一套完整的礼仪制度。在这个时期我国出现了孔子、孟子、荀子等一大批礼学家，他们提出了许多重要的礼仪概念和规范，确定了我国崇古重礼的文化传统。

3. 封建社会的礼仪（公元前 221—1911 年）

公元前 221 年，秦始皇统一六国，拉开了我国封建社会的序幕，在全国推行"书同文，车同轨，行同伦"。秦朝制定的集权制度，成为后来延续两千余年的封建体制的基础。汉朝和宋朝是封建礼教发展的两个高峰期。

西汉初期，叔孙通协助汉高帝刘邦制定了朝礼之仪，突出发展了礼的仪式和礼节。而据《汉书•董仲舒传》的记载，西汉思想家董仲舒（见图 5.3）把封建专制制度的理论系统化，提出"唯天子受命于天，天下受命于天子"的"天人感应"之说。他把儒家礼仪概括为"三纲五常"。"三纲"即"君为臣纲，父为子纲，夫为妻纲"。"五常"即"仁、义、礼、智、信"。汉武帝刘彻采纳董仲舒"罢黜百家，独尊儒术"的建议，使儒家礼教成为唯一标准。

图 5.3　董仲舒

两宋时期，礼仪的发展有两个特点：一是程朱理学出现，二是礼仪迅速向家庭扩展。到了明朝，理论虽然没有发展，但名目增多，礼仪形式也更加完善。

封建礼仪集政治、法律、道德于一身，是统治阶级重要的统治工具，同时也为调整封建社会人们的相互关系，为中华民族形成具有特色的伦理道德准则提供了标准，在历史上发挥了重要作用。

案例5.2

程门立雪

杨时是北宋时的一位才子，南剑州将乐（今属福建）人。中了进士后，他放弃做官，继续求学。

程颢、程颐兄弟俩是当时很有名望的大学问家、哲学家、教育家，洛阳人，同是北宋理学的奠基人。他们的学说为之后的南宋朱熹所继承，世称程朱学派。杨时仰慕二程的学识，于是投奔洛阳程颢门下，拜师求学。4年后程颢去世，杨时又继续拜程颐为师。这时他已40岁，仍尊师如故，刻苦学习。

一天，大雪纷飞，天寒地冻，杨时碰到疑难问题，便冒着凛冽的寒风，约同学游酢一同前往老师家求教。当他们来到老师家时，见老师坐在椅子上睡着了，不忍打搅，就静静地侍立在门外等候。当老师一觉醒来时他们的脚下已积雪一尺深了，身上飘满了雪。老师忙把杨时二人请进屋去，为他们讲学。之后，"程门立雪"成了广为流传的尊师典范，如图5.4所示。

图5.4 程门立雪

请思考

你平时也是这样做的吗？这个故事给了你什么启示？

4. 近现代礼仪（1911—1949年）

辛亥革命以后，受西方资产阶级"自由、平等、民主、博爱"等思想的影响，中国的传统礼仪规范、制度受到强烈冲击。新文化运动和五四运动对腐朽、落后的礼教进行了清算，符合时代要求的礼仪被继承、完善、流传，那些繁文缛节逐渐被抛弃，同时人们接受了一些国际上通用的礼仪形式。新的礼仪标准、价值观念得到推广和传播。

资本主义礼仪规范的进入方式虽不光彩，但其为中国传统礼仪注入了新的生机，客观上促进了世界各国礼仪道德文化的交流和相互补短。

5．当代礼仪（1949 年—今）

新中国成立后，逐渐确立以平等相处、友好往来、相互帮助、团结友爱为主要原则的具有中国特色的新型社会关系和人际关系。改革开放以来，随着中国与世界的交往日趋频繁，西方一些先进的礼仪、礼节陆续传入我国，同我国的传统礼仪一道融入社会生活的各个方面，构成了社会主义礼仪的基本框架。许多礼仪从内容到形式都在不断变革，现代礼仪的发展进入了全新的发展时期。大量的礼仪书籍相继出版，各行各业的礼仪规范纷纷出台，礼仪讲座、礼仪培训日趋红火，人们学习礼仪知识的热情空前高涨，讲文明、讲礼貌蔚然成风。今后，随着社会的进步、科技的发展和国际交往的增多，礼仪必将得到新的完善和发展。

任务二　商务礼仪的作用和原则

一、商务礼仪的作用

商务活动中，礼仪无时不在，无处不有，其作为一种人的行为规范，在商务活动的各个方面发挥着越来越重要的作用。

1．凸显员工素质

礼仪体现一个国家、一个民族的文明程度和道德水平，也是人的文化教养、精神风貌的重要标志。"国尚礼则国昌，家尚礼则家大，身有礼则身修，心有礼则心泰。"掌握如何进行有效沟通及妥善处理人际关系、恰当地使用商务礼仪可以规范人们的日常商务行为。商务人士的良好道德素养只有通过言行举止，通过处理各种关系所遵循的原则与态度才能表现出来。因此，礼仪教育是培养高素质商务人士不可或缺的内容，是商务人士精神文明的表现，是商务人士的必备素质。

2．塑造企业形象

商务礼仪的恰当运用可以为企业塑造良好的企业形象，给客户一种耳目一新的感觉。良好的企业形象是企业的无形资产，无疑可以为企业带来直接的经济效益。商务礼仪能展示企业的文明程度、管理风格和道德水准，塑造企业形象。现代市场竞争除了产品竞争外，更体现为形象竞争。一个有良好信誉和形象的企业，较容易获得社会各方的信任和支持，在激烈的市场竞争中处于不败之地。所以，商务人士时刻注重礼仪，既是个人和企业良好素质的体现，也是树立和巩固良好形象的需要。可以说，商务礼仪已经成为建立企业文化和现代企业制度的一个重要方面。

3．规范商务行为

礼仪的基本功能就是规范各种行为。商务礼仪可强化企业的道德要求，树立企业遵纪守法、遵守社会公德的良好形象。道德是精神上的东西，只能通过人的言行举止，通过人们处理各种关系所遵循的原则与态度表现出来。商务礼仪使企业的规章制度、规范和道德具体化为一些固定的行为模式，从而对这些规范起到强化作用。企业的各项规章制度既体现了企业的道德观和管理风格，也体现了礼仪的要求。员工在企业制度范围内调整自己的行为，实际上就是在固定的商务礼仪中自觉维护和塑造着企业的良好形象。

4. 提高经济效益

企业形象的好坏有两个衡量指标：知名度和美誉度。知名度，通过大量的媒体广告可以提高；美誉度，实质上由员工素质和先进的管理模式决定。好形象源于好服务，礼仪服务就是优质服务的重要内容，它通过规范服务人员的仪容、仪表、服务用语、操作程序等使服务质量具体化、标准化、制度化，使顾客觉得受到了尊重，得到了情感上的满足，从而信任企业，成为"回头客"，这样就会给企业带来巨大的经济效益。

二、商务礼仪的原则

1. 尊重原则

礼仪的本质和核心是尊重，包括尊重他人和自我尊重。尊重是礼仪的情感基础，是互相之间建立友谊、加深交往、发展关系的前提，是商务活动获得成功的重要保证。

尊重他人，就是在与他人的交往中要真诚地体现出对他人的重视、恭敬、友好和肯定。古人云："敬人者，人恒敬之。"只有首先尊重对方，才能赢得对方的尊重。当别人不如自己时，不能用不屑的表情、眼神和语气去嘲笑对方；当自己不如别人时，也不要以嫉妒之心去伤害对方，不要以自卑之心来伤害自己。与他人交往时，应不张扬、不炫耀、不怒吼，顾及对方的感受。只有互相尊重，才能建立和谐的人际关系。

自我尊重，就是看重自己，爱护自己。屠格涅夫说："自尊自爱，作为一种力求完善的动力，是一切伟大事业的渊源。"要尊重自己，做自己的主人，做好自我管理，做一个着装得体、举止文明有度的人，不让自己邋里邋遢；要尊重自己，做一个拥有积极阳光的心态、乐于与人合作、浑身散发正能量的人。

案例 5.3

如此势利要不得

林璐是财务人员，不用和项目组的同事在一起办公。考虑为了工作方便，再加上公司的办公场地特点，公司把林璐的工位安排在了门口的位置。

前几天公司新招来了一名大学毕业生，每天进门虽然都首先看到林璐，但总是一声招呼不打，头也不点一下，有时还会瞪林璐一眼然后目中无人地从她面前走过。林璐怀疑这位新员工可能以为自己只是一个前台打杂的，所以不屑一顾。

后来过了两周，大概这位新员工终于搞清楚林璐不是什么接接电话、送送快递的打杂阿姨，而是每月给她发工资的"财政大臣"，猛地就开始殷勤起来，一进门就叫"林老师"，而且叫得山响。林璐忍不住在心里吐槽："怎么堂堂一个大学生，刚进入社会就这么势利？如果我真是一个打杂的阿姨她是不是一辈子都不会和我打招呼了？"

请思考

你是否也有林璐的类似经历，当时你的感受是什么？

2．平等原则

平等原则是商务交往的首要原则，表现为交际双方的平等和相互尊重。如果没有人与人之间的平等，所有的礼仪都会成为表面的、形式化的虚伪与做作。这里讲的平等主要指交往双方态度上的平等。尽管人们的年龄、性别、职业、社会地位等各不相同，所采取的礼仪方式有所区别，但在交往对象人格的尊重上，必须一视同仁，给别人以充分的尊重，不能盛气凌人，不能厚此薄彼。

3．自律原则

礼仪宛如一面镜子，对照着它，你可以发现自己的品质是真诚、高尚还是丑陋、粗俗。能否真正领悟礼仪、运用礼仪，关键还要看自己的自律能力。例如：

当 1997 年亚运会在日本广岛结束的时候，6 万人的会场上竟没有一张废纸。

世界上的很多报纸都登文惊叹："可敬可怕的日本民族！"没有一张废纸，令全世界惊讶。

学习礼仪、遵守礼仪规范，主要靠自律而非他律。越自律越自由，人人都喜欢自由，而这种人人都拥有的自由，只有靠每个人的自律才能获得。商务礼仪的各种行为规范并不是法律条文，不具有强制约束力，违反礼仪规范常常只是受到道德层面的批评。因此只有通过每个人的自律，才能真正创造出井然有序的交往秩序和友好的氛围，才能给每个人的工作和生活带来更大的自由。

4．宽容原则

宽容就是心胸宽广。"海纳百川，有容乃大"，能设身处地地为别人着想，能原谅别人的过失，也是一种美德，是现代人的一种礼仪素养。那么，如何在礼仪中体现宽容原则呢？一般认为应从以下几个方面做起。

（1）入乡随俗。如一些国家受宗教信仰的影响，禁止女性向家庭成员以外的男人裸露肌肤，严格讲究男女授受不亲。去这些国家访问做客，就应尊重他们的礼仪规范。

（2）理解和体谅他人，对他人不求全责备。俗话说"人非圣贤，孰能无过？"与人交往时，有些人擅长礼仪交际，说话办事滴水不漏；有些人则不熟悉礼仪知识，让人感觉粗俗。如果对方意见相反或无意伤害了自己，也应以宽容之心予以理解。

（3）虚心接受他人对自己的批评意见。即使他人批评错了，也要认真倾听。有了过错后允许他人批评指正，才能得到大家的理解和尊重。有时，批评者的意见是错误的，但只要不是出于恶意，就应以宽容大度的姿态对待，有则改之，无则加勉。特别是在工作中，更应注意这个问题。

5．守信原则

守信原则是指遵时守信，"言必信，行必果"。取信于人在人际交往中是非常重要的。例如：

《韩非子》中记载着这么一则寓言：有一户有钱人家的围墙被大雨冲塌了，邻居提醒他："要及早修复，免得盗贼侵入。"有钱人家的儿子也同样说道："爸爸，及早修理吧，不然小偷会来的。"

结果当天晚上小偷果然来了，偷走了不少东西。

爸爸的反应：觉得儿子意见很对，有先见之明。心里却对邻居起了疑心，怀疑邻居是小偷。

爸爸相信儿子却不相信邻居的原因很简单：一方面，中国人自古以来崇尚"家天下"，血缘关系是父子间亲不可分的纽带，会影响人们对客观事物的判断；另一方面，因为人的心理反应，人们容易产生"自己人效应"。当人们信任一个人的时候，就会想："既然是这个人说的，靠得住。"所以，常常是别人信任你，才认为你是对的。

因此，在人际交往中，必须博得人们的信任，才更有利于取得成功。信任是靠慢慢积累而来的，与客户初次打交道时，客户都会抱着怀疑的态度跟你沟通，一旦接触多了，你在工作中也做到了言而有信，即答应客户的事都竭力办好，客户也就慢慢信任你了，这样就更利于开展工作，更好地为客户服务。遵守时间也是守信的一个方面，现代社会生活节奏加快，大家的时间都很紧张，办事要有约在先。另外，与人约好时间就要准时赴约，不可轻易更改。若必须更改，应尽早通知对方并致以歉意，以免造成坏的影响。

6. 适度原则

适度就是把握分寸。礼仪就像一个程序，而程序自身就是一种度。礼仪无论是表示尊敬还是表示热情都有一个度的问题，没有度，施礼就可能进入误区。适度原则要求应用礼仪时一定要具体情况具体分析，因人、因事、因时、因地地恰当处理。要注意做到把握分寸，认真得体，不卑不亢，热情大方，有理、有利、有节，避免过犹不及。假如做过了头，或者做得不到位，都不能正确地表达自己的自律、敬人之意。因此一定要做到和谐适度。

案例 5.4

陈玲的求职准备

陈玲读大三了，父母发现女儿越来越注意打扮自己了，放假回家的两天里，总有大半天时间在化妆。陈玲解释说，自己马上就要毕业走向社会了，现在的企业都非常重视员工的形象，自己可不能土里土气的，得提早把自己包装得时尚一点，为将来求职做准备。

从此，陈玲把更多的时间和精力花在健身、美容、购物上，在学习上投入的时间越来越少，学习上也越来越感到吃力了。陈玲平时的花销却越来越大，而且非世界"名牌"化妆品不用，全身上下也尽是"名牌"加身。陈玲父母觉得女儿在生活上的花费太大，生活费是以前的两倍都不止。陈玲认为父母不支持自己，对父母的态度越来越差，在家动不动就和父母因生活费问题而争吵。

到最后一个学期开始找工作了，陈玲觉得自己的前期准备终于有了"用武之地"。两个月时间过去了，同学们都陆续找到了工作，可陈玲还在"等消息"。

请思考

陈玲为何迟迟没找到工作，原因出在哪？为什么同学们都找到了工作，只有陈玲还在"等消息"？请你结合适度原则给陈玲提些建议。

三、提高商务人士礼仪修养的途径

礼仪修养是礼仪活动的一种重要形式。在社会活动中，人们的礼仪不是自发形成的，而是在后天的实践交往中修炼来的，是在工作中逐渐学习、积累而成的。商务人士只有把礼仪修养看成自身素质不可缺少的一部分，看成事业发展的基础，看成完美人格的组成部分，才会真正有自觉意识。

可以通过以下途径提高商务人士的礼仪修养。

1．主动接受礼仪教育，强化礼仪意识

在人际交往中，礼仪不仅反映着一个人的交际技巧和能力，更反映着一个人的气质、风度和教养。通过学习礼仪，可以提高自身的道德修养和文明程度，更好地显示自身的优雅风度和良好形象。一个彬彬有礼、言谈有致的人容易受到人们的尊重和赞扬，容易给别人、给社会带来温暖和欢乐。

人的自觉性不是先天就有的，要靠他人的指点和培养，靠社会健康的舆论导向和良好的环境熏陶逐渐养成。因此，礼仪教育是使礼仪修养充实、完美的先决条件。通过礼仪教育和培训，人们可以分清是非，明辨美丑，懂得常识。礼仪教育和培训使人们礼仪行为的形成有了外因条件，为进一步的自我修养提高创造了条件。这一重要条件，促使商务人士经过努力和不断磨炼提高自我修养，最后达到处处讲究礼仪的目的。

古人强调"吾日三省吾身"，说明提高个人修养必须注意反躬自省。同样，学习礼仪过程中也应时时处处注意自我检查，这样有助于发现缺点，找出不足，不断总结技巧，自我提高。

2．通过书籍、网络等途径进行广泛学习，提升艺术文化修养

加强艺术文化方面的修养，对提高礼仪素质大有裨益。而艺术文化修养的提高可以大大丰富礼仪修养的内涵，提升礼仪品位，并使礼仪水平不断提高。一般来说，讲文明、懂礼貌、有教养的人大多是科学文化知识丰富的人。这种人逻辑思维能力较强，考虑问题较周密，分析事物较透彻，处理事件较得当，在人际交往时能显示出独有的魅力而不显得呆板。

3．积极参加社交实践活动，逐步提高礼仪修养

知礼、懂礼更要用礼，光从理论上弄清礼仪的含义和内容是远远不够的，关键在于实践。在培养礼仪修养时，要以积极主动的态度，坚持理论联系实际，将自己学到的礼仪知识灵活地应用于商务活动和社会生活实践的各个方面。多在社会实践中用礼、行礼就会逐渐增强文明意识，培养礼貌行为，涤荡粗俗不雅等不良习惯，成为一个有礼仪修养的人。多实践，就不要怕"出洋相"，既要克服妄自尊大、不屑一顾的顽症，又要克服自卑自怯、不敢涉足的通病。

【知 识 检 测】

一、填空题

1．礼貌的思想核心和首要内容是一种_____的态度。

2．礼节是个人在社会交往过程中相互表示尊重的各种形式，包括_____和_____。

3．礼仪的本质和核心是_____，包括_____和_____。

二、判断题

1. 原始社会的礼仪反映了等级的观念，同时已具有阶级性。（　　）
2. 相比较而言，仪式所适用的场合一般较大且较隆重。（　　）
3. 商务活动中，礼仪无时不在，无处不有。可以说有礼走遍天下，无礼寸步难行。（　　）

三、单选题

1. 入乡随俗；理解和体谅他人，对他人不求全责备；虚心接受他人对自己的批评意见。这体现的是商务礼仪的（　　）原则。
   A. 尊重　　　　　B. 宽容　　　　　C. 守信　　　　　D. 自律
2. 只有在商务交往中遵循（　　）原则，才能博得人们的信任，才更有利于取得成功。
   A. 尊重　　　　　B. 宽容　　　　　C. 守信　　　　　D. 自律

四、多选题

1. 商务礼仪的作用有（　　）。
   A. 凸显员工素质　　　　　　　　B. 塑造企业形象
   C. 规范商务行为　　　　　　　　D. 提高经济效益
2. 要想提高商务人士的礼仪修养，可以通过（　　）途径。
   A. 主动接受礼仪教育，强化礼仪意识
   B. 通过书籍、网络等途径进行广泛学习，提升艺术文化修养
   C. 积极参加社交实践活动，逐步提高礼仪修养
   D. 提高学历

【综 合 实 训】

综合实训一　商务人士的礼仪访谈

1. 实训内容和要求

（1）分组寻找学校周边较大的商场或企业，拜访企业商务人士，听取他们对于商务礼仪的理解及在工作中对礼仪的实际运用。
（2）小组讨论访谈提纲和拜访中要注意的礼仪。
（3）拜访结束后形成访谈报告，提交拜访视频、访谈提纲。

2. 实训验收

由各组长组成的评议组和教师对学生的表现打分。

项　　目	分　值	各组长评分（40%）	教师评分（60%）	实 际 得 分
提纲翔实	20分			
礼仪规范	30分			
动作到位	30分			

续表

项　　目	分　　值	各组长评分（40%）	教师评分（60%）	实 际 得 分
视频质量好	20分			
合计	100分			

综合实训二　观察收集生活中的礼仪事例

1. 实训内容和要求

（1）每名学生收集 3 个生活中的礼仪事例，可以是正面的，也可以是反面的。

（2）分组讨论，分析产生这种礼仪行为的原因。

（3）小组汇总形成观察日志，并做成 PPT 与同学交流，以此提高礼仪意识。

2. 实训验收

由各组长组成的评议组和教师对学生的表现打分。

项　　目	分　　值	各组长评分（40%）	教师评分（60%）	实 际 得 分
日志翔实	20分			
PPT 汇报清晰	30分			
事例典型	20分			
原因剖析准确	30分			
合计	100分			

项目六 社交礼仪

知识目标

1. 掌握仪容、仪表礼仪
2. 熟悉姿态礼仪的基本动作
3. 得体地运用交往礼仪
4. 正确地运用拜访礼仪
5. 规范地使用宴请礼仪

能力目标

1. 提高观察能力
2. 培养领悟能力
3. 具备礼仪规范执行力

情景剧导入

如此拜访客户

人物：艾维特公司推销员小张，飞达公司王经理、马小姐

地点：小张家。

旁白：小张家里很富有，这是她拜访客户时发生的一幕。

小张：穿着短裙，坐在化妆台前，对着化妆镜，描眉（化妆盒道具自备），戴上金项链，戴上大耳环，戴上手链，左手戴白金的，右手戴黄金的。

小张：冲着台下的观众说，"做销售虽然累，但是佣金也高，只要能摆平客户，老板一定给个大红包，上次销售得了冠军，公司奖励 2 万块，买了个 LV 包，真是漂亮。可美慕死我们公司那帮同事了！得，今天要去飞达公司见王经理，我就背这个 LV 包了，别小看我们推销员，我们也是有档次的，对不，姐妹们？"

小张：临出门，又照了照镜子，检查自己的整体形象，摆摆上身，整整裙子，看看脸，看看首饰的位置。（道具由同组学生拿着）

地点：住宅小区。

小张：穿着高跟鞋（6 厘米），走路一扭一扭的，手里拿着电话，声音很嗲，"王经理吗？我是艾维特公司的张美丽啊，您上午有空吗？我想拜访您一下。"

地点：路上，王经理办公室。

王经理：拿着手机问，"哦？哪个张美丽，你有什么事？"

小张："哎哟，王经理，您可真是贵人多忘事啊，您忘了上次在顺发公司胡经理的生日宴会上，我们见过面的，您还递给我了一张名片，说要关照我生意的。"

王经理：似乎有点印象又不确定，"哦……"

小张："那好，我就快到你们公司楼下了，一会儿见，拜拜。"没等王经理说话，就抢先挂断电话。心想，"明知山有虎，偏向虎山行，这单子我做定了。"

地点：飞达公司。

马小姐："您好，小姐，您找谁？"（前台马小姐施淡妆，职业装合体大方，佩戴公司牌）

小张：炫耀性地晃动手里的 LV 包，态度比较不友好，牛气地说，"我找你们王经理。"

马小姐："小姐，您是什么单位的？有预约吗？"

小张："我还用预约？老熟人了，我自己去。"说着就要往里走。

马小姐：连忙拦住，"对不起小姐，没预约是不能让您进去的，非常抱歉。"

小张：显得不耐烦，"那你给你们经理打个电话吧，我是艾维特公司的张美丽。真麻烦！"

马小姐：回到前台拿起电话，"……嗯，好的王经理。"

马小姐：走出前台说，"好的，小姐，请跟我来。"走在小张前三步的地方，用引领手势，"请往这边走，前面第二个门就是王经理办公室。"

小张：敲门，"咚，咚，咚。"

王经理："请进。"

小张：推门而入，"王经理，好久不见了，您可真忙啊！"

王经理：色眯眯地说，"哦，张小姐啊，真是越来越漂亮了啊！"

小张：一屁股坐在柔软的沙发上，"王经理，您真会说笑话。"

王经理：拿着一次性纸杯，给小张倒了杯茶，问道，"张小姐，请喝水，不知道找我有什么事情啊？"

小张："谢谢。我们公司新引进来一批电脑，您看您这电脑也该更新了。您这电脑还是 5 年前的吧？都快成老古董了，运行时不得卡成骆驼了。"

王经理："哦，这电脑用起来还可以，换不换的也不是我一个人决定的，要不张小姐，你先把你们公司的产品资料留下，我让技术部门看一下，再答复你。"

小张：拿出 LV 包翻了半天也没找到资料，只有一张零星的资料，随手（单手）递给王经理，媚笑，"不好意思，我没带全，再说了王经理，冲咱们这关系，还用什么资料啊？小妹我肯定给您报的是最低价，胡经理说了，您一定会照顾我的。"

王经理：下意识地看着手表，面无表情，嘴上说，"嗯，那是，咱们谁跟谁啊。"

小张：丝毫没理会王经理的话外之意，继续东拉西扯……

【分析】

1. 职场中，化妆要注意哪些内容？佩戴饰物有哪些禁忌？

2. 小张在拜访飞达公司王经理的过程中，有哪些是不合乎礼仪要求的？有哪些是符合礼仪要求的？

3. 前台马小姐的职场礼仪是否符合要求？

任务一　仪容、仪表礼仪

一、仪容

仪容通常指人的外表，多就容貌而言。在人际交往中，每个人的仪容都会引起交往对象的特别关注，并给对方留下印象，印象好坏将影响到对方对你本人的整体评价。

（一）仪容自然之美——五官端正

仪容的基本要求是品正貌端，简单说就是要求五官端正，即面部五官比例协调匀称，其一般标准是三庭五眼，如图 6.1 所示。

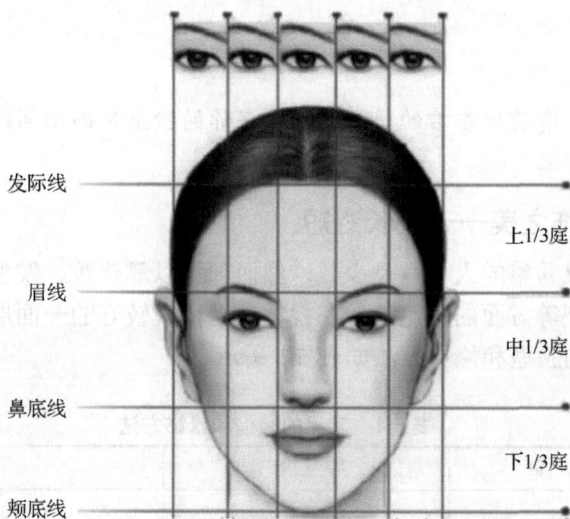

图 6.1　三庭五眼示意图

三庭指脸的长度比例，依次分为上庭、中庭、下庭，各占脸长的 1/3。上庭指从额头的发际线到眉线；中庭指从眉线到鼻底线；下庭指从鼻底线到颏底线。这三庭的长度大体相等。

五眼指脸的宽度比例，以眼睛长度为单位，把脸的宽度分成五等份。从左侧发际至右侧发际的长度为五只眼睛的长度：两只眼睛之间有一只眼睛的间距，两眼外侧至两侧发际各为一只眼睛的间距。

一个人的脸型如果符合三庭五眼这个比例，就显得相对匀称；如果不符合，就要通过化妆手段来进行调整和改善。

判断一个人五官搭配好坏还有一个指标——四高三低，即人们常说的五官凹凸到位，如图 6.2 所示。

四高是额部、鼻尖、唇珠、下巴尖。

三低分别指：两个眼睛之间，鼻额交界处是凹陷的；在唇珠的上方，人中沟是凹陷的；下唇下方，有一个小小的凹陷。

额部

鼻额交界

四 鼻尖

三 人中沟
低 高 唇珠

下唇下方 下巴尖

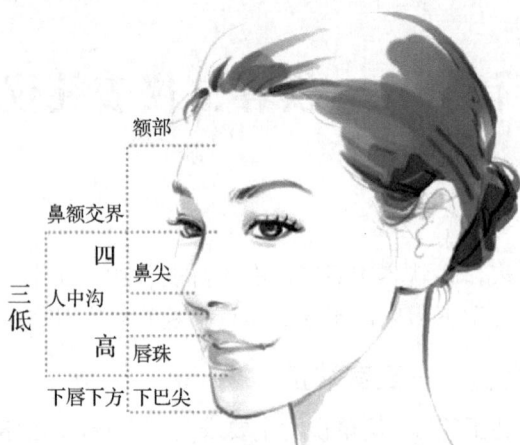

图 6.2　四高三低示意图

练一练

准备一个格尺，请前后左右的同学用眉笔在你的脸上勾画出间距，看看你们哪位同学的三庭五眼最合乎标准。

（二）仪容修饰之美——扬长避短

天生丽质、风仪秀整的人毕竟是少数，然而却可以靠化妆、发型、着装、佩饰等弥补和掩盖在容貌、体型等方面的不足，并在视觉上把自身较好的一面展示或衬托出来，使形象得以美化。常见的脸型和修饰方法如表 6.1 所示。

表 6.1　常见的脸型和修饰方法

脸 型 名 称	示　例	特　征	修 饰 方 法
椭圆形脸		又称鹅蛋脸，是标准的三庭五眼	无须刻意修饰
圆形脸		面部轮廓宽且圆	视觉上加长脸部
方形脸		又称国字脸，面部轮廓方、宽、短	视觉上加长脸部，掩饰棱角

续表

脸型名称	示例	特征	修饰方法
心形脸		又称甲字脸，呈倒三角形，上额两侧较宽，下额稍稍凸出	掩饰上部，突出下部
梨形脸		又称由字脸，呈三角形，额头窄，下额宽	视觉上加宽额头
菱形脸		又称申字脸，面部上窄、中宽、下窄	视觉上使颧骨高度减低，增加上额和下巴的宽度

想一想

你的脸型属于哪一类？你邻座的同学属于哪一类？

1. 仪容修饰原则

成功的仪容修饰一般应遵循以下原则。

（1）适体性原则，即要求仪容修饰与个体自身的性别、年龄、容貌、职业身份相匹配。

（2）适度性原则，即要求仪容修饰应把握分寸，自然适度，追求虽刻意雕琢却又不露痕迹的效果。

（3）整体性原则，即要求仪容修饰先着眼于整体的修饰，再考虑各个局部的修饰，使修饰与自身的诸多因素之间协调一致，使之融为一体，营造出整体风采。

2. 仪容修饰注意事项

（1）要干净。要勤洗澡、勤洗脸，脖颈、手都要干干净净，并注意经常清除眼角、口角和鼻孔的分泌物。

（2）要整洁。整洁，即洁净、清爽。要勤理发，头发不能有头屑，更不能蓬头垢面。

（3）要卫生。要保持口腔卫生，早晚刷牙并随身携带漱口水，指甲要勤剪，衣服要勤换，不能有体味和汗味，有狐臭要早治疗。

（4）要力求表现自然和淳朴。仪容既要精心修饰，又忌讳标新立异，简练、朴素最好。

（5）要端庄。仪容应看起来稳重大方，男士力求气宇轩昂，女士力求端庄大方，这样不仅会给人以美感，而且更易于赢得他人的好感。化妆应采用不露痕迹的化妆手法，如果过于浓妆艳抹，会显得轻浮，反而失去了修饰的意义。不同脸型的眉毛修饰技巧如表 6.2 所示，太阳镜和近视镜等眼镜镜框选择建议（男士）如表 6.3 所示。

表 6.2　不同脸型的眉毛修饰技巧

脸　型	适宜的眉毛画法
椭圆形脸	搭配标准眉形，眉头与内眼角垂直，眉头和眉尾在一条水平线上，眉峰在眉毛的 2/3 处
圆形脸	给人的感觉是圆润、亲切、可爱，适合上扬眉，眉头和眉尾不在一条水平线上，眉尾高于眉头
方形脸	给人的感觉是一板一眼，适宜粗一点的一字眉
心形脸	适宜上扬一点的眉毛，眉峰在眉毛的 2/3 处以外一些
梨形脸	给人的感觉是富态，适宜柔和一点的眉毛，眉形尽量平缓一些
菱形脸	给人的感觉是机敏，眉毛应长、细一些

表 6.3　不同脸型的眼镜镜框选择建议（男士）

眼镜镜框类型	□	▯	○	◻	▽	♡	◇	△	○
太阳镜	√	√	√	√	√	√	√	√	√
墨镜	√	√	√	×	√	×	×	×	√
半框镜	√	√	√	√	√	√	×	√	√
圆框镜	√	√	×	√	√	×	√	×	×
椭圆镜	√	√	×	√	√	×	×	×	×
猫眼镜	√	√	√	×	√	×	×	√	√
无框镜	√	√	√	√	√	√	√	√	√
方框镜	×	×	√	×	√	√	×	√	√
圆角方框镜	×	×	√	×	√	√	×	×	√
椭圆框镜	×	×	×	×	×	×	×	×	×

练一练

请拿出一面小镜子和一支眉笔，根据你的脸型为自己进行眉形修饰，选出最佳眉形修饰大师。

二、仪表

（一）仪表礼仪

仪表礼仪是指一个人的仪表要与其年龄、形体、职业和所处环境相吻合，表现出一种和谐之美，能够增进彼此的好感。

1．着装原则

着装讲究应时、应景、应人，遵循体现和谐之美的 TPO 原则，即时间（Time）、地点（Place）、场合（Occasion）三原则。

（1）T（Time）表示时间，一个人的着装应与时间相符，与季节相符，如女士在夏天穿短裙、男士在冬天穿棉大衣等。

想一想

有句话叫"冬天穿裙子，美丽又冻人"，有些女孩为了体现身材美，冬天穿着短裙，这样真的美吗？

（2）P（Place）表示地点，即要求一个人的着装应按不同的地点进行选择，如教师在课堂教学时应着职业装，企业白领在单位应穿正式西服，在家应穿舒适的衣服等。

（3）O（Occasion）表示场合，即要求一个人的着装要适应所处的环境和场合，相互匹配，如参加正式酒会时穿着正式西装，参加葬礼时穿着肃穆的服饰，户外跑步时穿运动装等。

2．饰品佩戴原则

首饰的作用是点缀，以映衬和谐之美，掩饰身体某部位的瑕疵或凸显身体的优势，重点来说，推销人员佩戴首饰时应注意以下 4 个原则。

（1）宜少不宜多。首饰数量不宜过多，一般以 1～2 件为主，如金项链和金戒指、耳环和金手镯等，最好不超过 3 件，能少则少。

想一想

有个人脖子上戴着很粗的黄金链子，手上戴着大金戒指，身上有一个龙的文身。你觉得他会是一个高素质的人吗？

（2）质地纯正。饰品的色泽与质地尽量相同，饰品的颜色要趋于相似，可戴铂金或黄金，尽量不戴 K 金或彩金。

（3）符合职业身份。选戴首饰时要符合本人职业身份，符合大众传统文化，显得中规中矩。

（4）扬长避短。戴首饰的目的是使自己的仪表更加美观或掩饰个人身体的某些瑕疵，对于肤色略黄的人来说，选择铂金、白银、象牙首饰是比较合适的。

案例 6.1

为何总经理不喝小王倒的茶水呢

小王大学毕业后应聘到某公司做总经理助理，上班第一天为了给同事一个好印象，特意打扮了一下，唇红、腮红、指甲都做了精心修饰，简直就像一个电影明星一样。

小王到了新单位以后,发现电梯里的人都看着她,很得意地想:"人美就是关注度高啊!"总经理看了她这般装束后一言没发。

为了给领导留下勤快的好印象,大约每间隔一个小时左右,小王就为总经理端茶送水。送完水后,怕自己发型凌乱,还顺势用手捋下头发,觉得长发飘飘的样子肯定很酷。可是直到下班她也没看到总经理喝掉她倒的水,为此她很郁闷。下班的铃声总算响了,小王挤上地铁回家,发现地铁里盯着她看的人也很多,小王沮丧的心情总算好了些。

请思考

总经理为何不愿意喝小王倒的水?小王化妆上班是否合适?

(二)仪表修饰注意事项

1. 男士仪表修饰注意事项

(1)在正式的商务场合,男士的着装以西装打领带最为稳当,衬衫的搭配要相宜。一般情况下,杜绝在正式的商务场合穿夹克衫或者西装与高领衫、T 恤衫或毛衣搭配,这些都不是十分稳妥的做法。男士的西装一般以深色的为主,避免穿着有格子或者颜色艳丽的西服。男士的西服一般分为单排扣和双排扣两种。在穿单排扣西装的时候,要特别注意扣子的系法:如果有两粒扣子,只系上面的一粒;如果有 3 粒扣子,只系上面的两粒,最下面的一粒不系;穿双排扣西服的时候,则应该系好所有扣子。

练一练

请穿上你的职业装,看它有几粒扣子,按照正确的方式着装并请同学拍照。

(2)衬衫的颜色要和西装的整体颜色协调,同时衬衫不宜过薄或过透,特别是穿浅色的衬衫时,衬衫里面不要穿深色的或保暖的防寒服,如果必须穿,千万不要将里面的防寒服露出领口。

(3)打领带时,衬衫的所有纽扣,包括衬衫领口、袖口的纽扣都应该扣好。领带的颜色要和衬衫、西服的颜色匹配,整体颜色要协调,同时要注意长短配合,领带的长度正好到达腰带的上方或有一两厘米的间隔,这样最为合适。

练一练

请为自己和同学打好领带,观察领带是否与服装颜色相匹配。

想一想

黑皮鞋究竟配白色袜子还是深色袜子呢?反过来,白色皮鞋配黑色袜子呢?

(4)在穿西服、打领带这种商务着装中要配以皮鞋,杜绝搭配运动鞋、凉鞋或布鞋,皮鞋要保持光亮、整洁。要注意袜子的质地、透气性要好,同时袜子的颜色必须和西服整体色彩协调。假如穿深色皮鞋,袜子的颜色应当以深色为主,同时要避免有比较花的图案。

2. 女士仪表修饰注意事项

（1）发型发式应该美观、大方，需要特别注意的一点是，在选择发卡、发带的时候，它的式样应该庄重、大方。

（2）在正式的商务场合中，女士的面部修饰应该以淡妆为主，不应该浓妆艳抹，也不应该不化妆。

想一想

有一天你到某单位办事，发现前台接待人员的妆很浓，涂着厚厚的腮红，有点像电影《画皮》里的女鬼，你有什么感受？

（3）着装要干净整洁且严格区分职业套装、晚礼服和休闲服，它们之间有非常本质的差别。在着正式的商务套装时，无领、无袖或领口开得太低、太紧身的衣服应该尽量避免。衣服的款式要尽量合身，以利于活动。

（4）女士在选择穿丝袜时，丝袜的长度一定要高于裙子的下摆；在选择皮鞋时应尽量避免鞋跟过高、过细。

任务二　姿态礼仪

一、站姿礼仪

1. 男士站姿

男士通常有两种站姿：第一种是双脚与肩等宽，挺胸抬头，目视前方，面带微笑，双手自然下垂，五指并拢放于裤线两侧，如图 6.3 所示。第二种是双脚与肩等宽，挺胸抬头，目视前方，面带微笑，右手压左手或左手压右手，放置在身后和肚脐平行之处，即通常所说的保安站姿，如图 6.4 所示。在现实中，第一种使用得比较多。

图 6.3　男士第一种站姿　　　　图 6.4　男士第二种站姿

练一练

请全体起立，做出男士的两种站姿。相互检查，看哪位同学做得最标准。

2. 女士站姿

女士站姿也有两种：第一种是双脚呈 V 字形，夹角大约 45°，左手压右手或右手压左手均可，大拇指抵在自己肚脐处（根据身高比例可上下调整 1～2 厘米），提气，挺胸抬头，目视前方，面带微笑，如图 6.5 所示。如果站立时间较长，第一种站姿比较疲倦，则可稍做调整，变成第二种，即将左脚放在右脚后或将右脚放在左脚后形成丁字步，身体转正，左手压右手或右手压左手（哪只脚在后，相对应的那只手就在前），挺胸抬头，目视前方，面带微笑。

图 6.5　女士第一种站姿

练一练

请全体起立，做出女士的两种站姿。相互检查，看哪位同学做得最标准。

二、坐姿礼仪

1. 男士坐姿——端庄大方

男士坐姿比较简单：挺胸抬头，面带微笑，双脚与肩等宽，双手放置于膝盖处，脚面与椅腿垂直、与座椅水平线平行，尽量不要呈外八字和内八字，坐在椅子的 1/3～2/3 处，不能坐满，不可以靠椅背，如图 6.6 所示。

图 6.6　男士坐姿

练一练

分组完成，每组 5 人，依次做出男士标准坐姿。相互检查，看哪位同学做得最标准、动作最规范。

2. 女士坐姿——七上七下

相比较而言，女士坐姿比男士坐姿要复杂些。商务场合中，女士应从椅子右侧进入，也应从椅子右侧出来，简单说就是右上右下。

（1）入座时的步骤。

第一步，（站在椅子右后侧）左脚迈出一步；

第二步，右脚落到椅子前方中央偏右处；

第三步，两脚并齐；

第四步，稍稍收拢裙摆后坐下，坐在椅子的 1/3～2/3 处，不可以靠椅背；

第五步，整理上衣衣角；

第六步，左手压右手，压在裙摆的下摆处，防止走光；

第七步，双脚斜在左端或右端，目视前方，挺胸抬头，面带微笑。

（2）起来时的步骤。

第一步，双脚收回，起立；

第二步，右脚伸平；

第三步，左脚向后退一步；

第四步，右脚向后退；

第五步，双脚并拢；

第六步，将椅子归位；

第七步，转身离去。

练一练

分组完成，每组 5 人，依次做出女士标准坐姿。相互检查，看哪位同学做得最标准、动作最优雅。

三、行姿礼仪

走路时应挺胸抬头，充满自信，步幅适中，步调平稳。另外，眼神要保持合适的倾斜角度：如在职业场合眼神要下斜 15°，表示对客人的谦卑；户外场合正常平视，不卑不亢；逛街、逛商场等要上扬 15°，显得落落大方。

练一练

分组完成，每组 5 人，按照职场、户外、商场等不同场合依次做出标准行姿。相互检查，看哪位同学做得最标准、动作最规范。

四、请的手势礼仪

请的手势礼仪根据距离远近可以分为"大请"和"小请"。

客人询问的地方距离自己所在地比较远时，需要使用"大请"的手势礼仪，即身体保持直立，目光亲切柔和地注视着对方，右手臂伸直并略高于肩膀，掌心向上，五指并拢，指向远处，并说"您好，先生，去洗手间请朝前方直走 20 米后左转"等引导语。

相反，客人询问的地方距离自己比较近、邀请客人进入、让客人请坐时应使用"小请"，即身体保持直立（也可以略微保持前倾），目光亲切柔和地注视着对方，上下手臂的夹角为 90°～120°，掌心向上，五指并拢，手的位置低于肩膀且略高于腰部，大臂与上体的夹角约为 30°，指向所在位置，并说"欢迎光临，先生，请进""女士，请坐""有请"等引导语，如图 6.7 所示。

图 6.7　女士"小请"示意图

练一练

分组完成，每组 5 人，依次摆出"小请"和"大请"的手势。相互检查，看哪位同学做得最标准、动作最规范。

五、鼓掌礼仪

鼓掌，作为一种礼节，意在欢迎、欢送、祝贺、鼓励其他人。鼓掌的标准动作如下：面带微笑，抬起两臂，将左手手掌抬至胸前，掌心向上，将右手除拇指以外的其他四指并拢并轻拍左手手掌掌心，如图 6.8 所示。鼓掌节奏要平稳，频率要一致。至于掌声大小，则应与气氛相协调为好。例如，表示喜悦的心情时，可使掌声热烈；表示祝贺时，可使掌声长时间持续；观看文艺演出时，则应注意勿使掌声打扰演出的正常进行。切记，不要对他人"鼓倒掌"，即不要以掌声讽刺、嘲弄别人；也不要在鼓掌时伴以吼叫、吹口哨、跺脚、起哄等，这些做法会破坏鼓掌的本来意义。

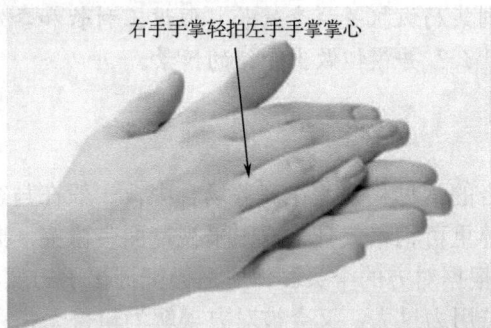

右手手掌轻拍左手手掌掌心

图 6.8　鼓掌细节示意图

练一练

分组完成，每组 5 人，依次做出鼓掌的动作。相互检查，看哪位同学做得最标准、动作最规范。

任务三　交往礼仪

一、介绍礼仪

介绍是人与人之间进行初步了解、沟通、增进友谊的一种基本方式，根据介绍者身份不同可分为自我介绍和介绍他人两种方式。

1. 自我介绍

自我介绍是自己向对方表明身份的一种常见方式。自我介绍时应简洁明了，从容自信，通常情况下，标准流程简单来说就是"您好+自己的身份+姓名+客套话"，如"您好，我是 ABC 销售公司的客服经理张飞红，很高兴认识您。"

2. 介绍他人

介绍他人的原则是将级别低的人介绍给级别高的人，将年轻的人介绍给年长的人，将男士介绍给女士，将未婚的人介绍给已婚的人，将本单位的人介绍给外单位的人。介绍他人时应热情周到，用正确的介绍手势，大拇指张开，四指并拢，手心向上，朝向被介绍者进行介绍，如"张小姐，这位是宏达公司的孙先生"。

练一练

分组完成，每组 4 人，依次进行自我介绍和介绍他人。相互检查，看哪位同学介绍得最规范。

想一想

你和单位的王科长到某局级机关找李处长，假设王科长和李处长是初次见面，请问你该按什么顺序介绍？为什么？并模拟做出介绍的情景。

二、握手礼仪

握手是社会交往场合的常见礼仪，在商务场合中，一般在与客户见面或告别时使用。握手时为表示对对方的尊重可稍稍欠身，双眼平视，面带微笑，握手时切不可戴手套（女士戴网状手套除外），要根据对方的个头和体质适当把握握手力度，若握手时疲软无力，会被对方认为不够热情，若用力过大，又会被对方误解为粗鲁无礼。

1. 握手方式

握手时应大方地伸出右手，虎口朝上，掌心向左，握手时间为2～3秒，稍加用力抖动2～3下，眼睛平视对方，如图6.9所示。如表示尊敬、崇拜对方，可以用双手握住对方的手，但不可太矫揉造作，以防对方反感。

图6.9　握手礼仪示意图

练一练

分组完成，每组 10 人，其中 9 人站成一列，剩下的 1 人依次和 9 人握手，然后循环进行。相互检查，看哪位同学做得最标准、动作最规范。

2. 握手顺序

在商务场合中，握手遵循被动原则，即如果约访的客户、上级、长辈、女士未伸手，推销人员就不再主动伸手，而用点头、鞠躬代替；若他们先伸出手，则应积极配合。拒绝别人的握手是非常不礼貌的行为，若遇到身体特殊原因不能握手，应向对方解释并致以歉意，"抱歉我右手割伤了"；如果手比较脏或手上有汗迹，则应擦拭后再与对方握手，以免对方挑理。

三、名片礼仪

名片是社交场合中介绍自己身份的一种工具。当与客户交谈时，得体地递上名片可以让对方更好地记住自己，也可以为日后的合作提供便利。

1. 递送名片

社交场合中，递送名片的顺序通常是级别低的人递送给级别高的人，年幼的人递送给年长的人，男士递送给女士。若对方先递送名片过来，应双手接过来，再递出自己的名片。

正确的递送方法如下：双手的食指弯曲，与大拇指分别夹在名片两端，名片上的文字正向朝对方，反向朝自己，若名片中有生僻字，可同时顺带说明一下，如"您好，我叫章垫（yě），请多关照。"递送名片时应注视对方，点头微笑。

练一练

分组完成，每组两人，相互递送名片。相互检查，看哪位同学做得最标准、动作最规范。

2. 接受名片

接受对方的名片时，身体应略向前倾，双手去接（见图 6.10）。接过名片后应仔细查看，切不可漫不经心地装进口袋，更不要随手把玩或丢弃在桌面上，遇有生僻字应及时向对方请教，以示尊敬、尊重对方，如"抱歉您的名字是张……"初次接受对方名片后，最好在名片背面记下见面时间、地点、内容和对方的特征（如胖瘦、是否戴眼镜、嗜好、教育背景等），为再次会面或合作提供便利条件。

案例 6.2

失败的拜访

张明电话预约某单位的采购部经理王飞沫，由于双方是第一次碰面，碰面地点选在了王经理的办公室。

张明按照预约时间提前 5 分钟到达王经理办公室。双方握手介绍后开始交谈，交谈比较融洽,大约 20 分钟后张明起身告辞。王经理送走张明后,赫然发现自己的名片掉在了地上,而且上面还有一个脚印,瞬间对张明的所有好感都荡然无存了。隔日,当张明再给王经理打电话时,发现对方态度非常冷淡,根本想不到发生了什么,为此他一筹莫展。

请思考

为何王经理对张明的态度变化那么大?

图 6.10　接受名片礼仪示意图

3. 索要名片

在社交场合索要名片是不礼貌的行为,但在商务场合中,若对方因忙于说话而未主动递送名片,为了业务需要可以主动索要,一般对方不会拒绝。双手接过名片时勿忘致谢。若遇到对方没有携带名片或名片发完时,也应予理解。但为了不错过任何一个可能争取业务的机会,可请求对方留下姓名或电话,以方便以后联络。遇到别人向自己索要名片时,也应大方地满足对方的要求,用双手递送,不可以高高在上,拒绝对方。

想一想

你参加同事的婚礼时,突然发现有个客人对你的业务有很大帮助,但当你出面索要名片时,对方却装没听见,不予理睬。请问你还有什么办法索要到他的联系方式?

任务四　拜 访 礼 仪

陌生拜访简称陌拜,是商务人士经常进行的十分重要的工作。一般而言,要在陌生拜访前对客户的有关信息进行一定的了解,并进行必要的沟通,以使拜访达到预期的目的。

以销售人员为例，拜访客户要遵守以下礼仪。

一、提前预约

要事先与客户进行预约，以便客户能安排时间。如果拜访地点在客户办公室，一般选择周二到周四上午的 10～11 点或者下午的 3～4 点比较适宜；如果拜访地点在客户家里，一般选择周末下午的 3～4 点或平日晚上的 7～8 点，双方另有约定除外。此外，一定要遵守预约时间，不能太早到，也不能迟到，一般提前 3 分钟到达预约地点较好，稍加整理后再拜访。预约后不能爽约，遇到突发事件或紧急情况时，要设法用电话、短信等方式通知客户并致歉，顺便再次预约时间。

二、拜访准备

销售人员在约定时间后、拜访对方之前，要进行相应的拜访准备。准备的内容大致有客户的社会经历、兴趣爱好等个人资料，为拜访时构建和谐的推销气氛做准备。拜访这一过程实际上是与客户增进交流、建立感情的阶段，如果没有进行充分的事先准备，就不能与对方进行广泛深入的交流，也就很难得到对方的信任。

三、材料准备

拜访的目的必然和业务往来有关联，空口说话当然没有资料更有说服力。因此，首先要有一个好的文件包，公司资料整齐完备，产品资料翔实，样品应有尽有，自然会给对方留下一个专业、敬业的好印象。如果能根据客户的兴趣爱好准备一份适当的礼物，更会增加客户对销售人员的好印象。

四、仪表准备

"人靠衣服马靠鞍"，客户对销售人员的第一印象 90% 取决于仪表。要想上门拜访成功，就一定要选择与销售人员个性相适应的服装，以体现专业形象。这样，通过良好的个人形象向客户展示品牌形象和企业形象，更容易被客户所接受。最好是穿公司的统一服装，让客户觉得公司很正规，企业文化良好。另外，仪表要入乡随俗，如果拜访地点在车间，那么销售人员最好也穿带点儿油迹的衣服，可能比穿西装效果要好。

五、尊重客户

拜访客户就要处处尊重客户。

销售人员进门前应轻轻敲门或按门铃（每次敲门以 3 下为宜，按门铃以 3～5 秒为宜），客户未说"请进"时，即使门开着也不可擅自闯入。与客户见面后应主动行握手礼，首先向客户致以问候并主动进行自我介绍，若客户办公室内有其他人员，应逐一点头微笑问候，不可不理不睬，显得目空一切。进入客户办公室后，要快速扫视办公室的陈设，如桌椅的材质、墙上的装饰、书柜的书籍，为即将开始的交谈酝酿话题。客户示意"请坐"时方可跟随客户就座，入座时遵守坐姿礼仪。

未经客户允许，不得吸烟，如办公室内已经有醒目的"禁止吸烟"标识，则更不能吸烟，除非客户自己掏出烟点上并递送给销售人员，销售人员才可以吸烟。

未经客户许可，不能擅自翻看办公桌及电脑桌面的资料，严禁落座后东张西望。

谈话时，双眼要与客户目光有交流，大多时间视线停留在客户的双眉正中处。如果面对的是异性客户，切不可长时间盯住对方，除非客户主动介绍，否则不要过多地谈论私人问题。

拜访时间控制在 15～45 分钟，如果客户再三挽留，可以适当延长。

辞谢时一定要对客户的会见、招待表示感谢，并对打扰到客户表示歉意，争取为下次拜访打好基础。

任务五 宴 请 礼 仪

日常工作中，经常会有宴请客户或出席客户宴会等各种应酬。出席这些场合的目的是对外展示自我的美好形象，正面推销自己。

一、宴请客户礼仪

宴请时通常强调宴请 5M 原则，即 Meet（会见）、Media（环境）、 Menu（菜品）、Money（花费）、Manner（举止）。

1. 会见

（1）宴请对象。企业或个人宴请客户的目的主要是联络感情或进一步促进合作，因此通常举办产品订货宴、庆功宴等。应确定好被邀请人员，即与此活动相关的代表人物、公司内部作陪人员等，由此确定宴会层次。

（2）明确宴请时间和地点。宴请时间和地点最好事先与客户商定。地点应与宴会层次相协调，规格高一般选择在当地五星级酒店为宜，普通规格一般选择在三星级酒店为宜。

（3）提前发出邀请函。宴会的邀请函或请柬至少应提前一周送达，如果关系较好而采用电话邀请也应提前一周进行。应在邀请函中注明宴请目的、时间、地点和举办方名称；若以个人名义邀请，应写全名。选择的宴会地点若是新近开张的或受邀人不是很熟悉的酒店，应备注乘车路线，或夹带酒店名片。邀请函可以打印，也可手写，手写的话要保证整洁、大方。

（4）排位。正式宴请要提前安排位次，并以明显方式告知客户。一般安排客人坐上座，通常餐桌面对着门的位置和背靠窗户的位置为上座，若一次邀请多名客人入席，应随客人意愿入座，尽量邀请客人坐上座。

2. 环境

宴请客户场所的环境以安全、优雅、卫生为宜。试想，如果邀请客人到脏兮兮的环境就餐，即使菜肴再丰盛，恐怕客户也难有胃口。

3. 菜品

菜品应以主宾客的爱好为准，同时兼顾其他来宾的习惯和口味，也要注意有无忌口等；也可以适当考虑本地特色菜系，注意好荤素搭配。若在当地知名酒店宴请客户，则要选择其特色菜肴，宴请时顺便提示是慕名而来，显示举办方用心良苦，精心筹备。

4. 花费

宴请时反对过度奢华，应追求精简，以够用为原则，铺张浪费反而达不到宴请的目的。

5. 举止

（1）入座时根据自己的职位状况就座，若自己职位低，则应尽量远离上座（一般冲着门或靠近窗户的为上座）；如有桌牌应按桌牌就座。

（2）入座时，遇到同桌的人应点头示意或递发名片。若邻座为女士，可帮其拉出椅子，帮其入座。

（3）举办方未说开席，尽量不要先夹菜，或者上座客人动筷子后，再动筷子。

（4）将汤碗放在骨碟上，骨碟不可以盛菜，只可以装食物残渣。当骨碟堆满残渣时，应示意服务员更换骨碟。

（5）不可以起身夹菜，如餐桌不可旋转，可请人帮忙，双手递过餐碗，示意并致谢；若餐桌可旋转，可在不妨碍其他客人夹菜的情况下，顺时针旋转餐桌。当客人旋转餐桌时，应给予配合。

（6）每次夹菜要适量，不要将汤碗堆放得太满。

（7）使用餐巾纸时，应将用后的纸巾放在骨碟里，不可随意丢在椅子下。

（8）吃饭过程中要适时交谈，但说话时口中不可有食物。咀嚼食物应闭口，喝汤时勿发出刺耳声。

（9）若上菜时已配备了公共筷子或汤勺，则不要再使用个人的汤勺盛汤或菜品。

（10）不可以劝酒。敬对方酒时，自己的酒杯应斟满，对方可随意；酒杯相碰时，己方的酒杯应略低于对方酒杯的杯口，以表示尊敬（对方职位明显低于自己或年龄明显比自己小很多时除外）。不可拼酒，若自己不胜酒力，应提前告之，否则会显得被动。敬酒时遵从握手礼仪的顺序。

（11）就餐时若忍不住咳嗽，应转身，并用餐巾遮挡；若口中突然有痰，应取用餐巾纸，或起身去洗手间处理。

（12）剔牙时，应用一只手遮挡口部，不要让其他人看见自己的牙齿；若遇到塞牙很严重，不能及时解决时，应带好牙签起身去洗手间处理。

（13）宴毕，等举办方示意后离去，若有事需提前离席，与举办方打招呼后，可对其他人说"抱歉，有点急事，各位慢用"，并点头表示歉意。

案例 6.3

外商为何会中止合作

某外商与中国某地区电机企业商议合作事宜，为了尽东道主之谊，中方在当地最豪华的酒店点了丰盛的菜，双方就合作一事基本达成一致，菜一个接着一个上来。几个外商私下言语几句，但由于语言不通，中方经理也没细问，最后外商的翻译说道："非常感谢，菜很丰盛，我们这几个人也吃不了那么多，太破费了。"中方经理爽快地说道："没关系啦，我们企业效益非常好，这点儿东西不算什么，一会儿还有很多当地有名的菜，一定会让你们大饱口福。"

外方经理脸色一沉，几分钟后就集体告辞了，中方等了许久也没等到合作合同。事后中方经理找办公室主任去问："是不是点的菜不合他们口味？早知道应该再点些贵的了。"

请思考

外商为何会中止合作？如果你是中方经理，你会怎么操作？

二、赴宴礼仪

1．明确是否赴宴

应根据实际情况答复对方是否赴宴，如有特殊情况应说明，并表示感谢，如"王总，谢谢您邀请我参加你们的周年庆典，不过真不好意思，那天我出差，祝你们公司生意兴隆。"

2．准时赴宴

赴宴时不要过于早到，也不应迟到。销售人员出席宴会应略微早到 5 分钟，尽量不要踩点。

3．服饰得体

赴宴着装应得体，与赴宴层次相匹配。隆重场合，男士着西服；其他场合，男士可穿休闲装或 T 恤。隆重场合，女士着西装或旗袍；其他场合，女士可穿休闲装或裙子。

4．正确入座

入座时按照台签对号入座，若未指定入座尽量不坐主宾位，入座时应点头和其他已入座者主动打招呼，若遇到邻座是女士或上年纪的老人，应帮助她们入座。

5．正确进餐

待主人招呼或其他客人动筷后再进餐；夹菜应选择离自己最近的，如果是旋转餐桌，应顺时针旋转，但当有客人正在夹菜时不可旋转；不要站起来夹菜；吃东西不要吧唧嘴，应闭嘴咀嚼；喝汤不要牛饮，应用汤勺放入口中；吃水果应使用牙签，切不可手抓；吃东西不要说话，应待食物咽下后再开口；骨头、鱼刺等杂物都应吐在骨碟上，勿胡乱丢置于桌下；剔牙时，用手或餐巾纸遮挡；打喷嚏时避开其他人；不要自作主张替人布菜；捞面、盛饭应使用公筷或公勺。

6．离席

要陪席，不可吃完就走，一般待上座客人或举办方示意后方可离席，若确实有事需要先离席，应悄悄向举办方解释并致谢。

【知 识 检 测】

一、填空题

1. 仪容是人的容貌，主要指_____和_____。
2. 在商务场合中的着装应符合 TPO 原则，即_____、_____、_____三原则。
3. 宴请时通常强调遵循 5M 原则，即_____、_____、_____、_____和_____。

二、判断题

1. 职场女士无论在任何场合都应该化淡妆。（　　）
2. 佩戴首饰时不宜过多，但必须能够光芒四射，震撼人心。（　　）
3. 和客户见面时，自我介绍应当简洁明了，不应侃侃而谈。（　　）
4. 男士赴宴时必须着西装。（　　）

三、单选题

1. 下列（　　）仪容符合女士日常工作中的装扮。
   A. 深色的眼影　　　　　　B. 妖艳的红唇
   C. 淡淡的粉底　　　　　　D. 长长的假睫毛
2. 一般情况下，在与客户交谈时，眼神停放在对方的（　　）。
   A. 额头上　　　　　　　　B. 嘴唇上
   C. 鼻子部分的三角区域　　D. 眼睛上

四、多选题

1. 在日常工作中，商务人士不能吃的食物有（　　）。
   A. 葱　　　　　B. 大蒜　　　C. 胡萝卜　　　　D. 青椒
   E. 韭菜
2. 去客户的办公地点拜访时，一般情况下应选择（　　）。
   A. 周一下午的 3～4 点　　　B. 周二上午的 10～11 点
   C. 周四下午的 3～4 点　　　D. 周末晚上的 7～8 点

【综 合 实 训】

综合实训一　仪容、仪表礼仪

1. 实训内容和要求

（1）请判断自己的脸型，并用眉笔修饰眉形。

（2）请列出修饰仪容时的步骤。

① _____

② _____

③ _____

④ _____

⑤ _____

（3）分组进行仪容修饰实践。

① 个人准备好洗脸用品和化妆用品，按照仪容修饰原则进行修饰。

② 按照拟订的身份、场合、年龄进行与之相匹配的化妆实践。

③ 随机挑选学生，进行特定场景化妆考核。

2. 实训验收

由各组长组成的评议组和教师对学生的表现打分。

项　　目	分　　值	各组长评分（40%）	教师评分（60%）	实　际　得　分
步骤准确	30分			
修饰效果好	30分			
手法准确	20分			
化妆不超时	20分			
合计	100分			

综合实训二　　姿态礼仪

1. 实训内容和要求

分组进行姿态礼仪训练。

（1）标准站姿：面向镜子站立5分钟，小组组长检查。

（2）标准坐姿。

（3）标准行姿。

2. 实训验收

由各组长组成的评议组和教师对学生的表现打分。

项　　目	分　　值	各组长评分（40%）	教师评分（60%）	实　际　得　分
个人动作规范	30分			
整体形象好	30分			
态度认真	20分			
动作连贯	20分			
合计	100分			

综合实训三 交往礼仪

1. 实训内容和要求

（1）向在座的全班同学介绍自己。进行介绍时眼睛看着大家（或对方），面带微笑，声音洪亮，表情自然。

① 普通版本是"大家好，我叫张明，来自三峰销售公司，很高兴认识大家。"（面对多人时）

② 借力"名人"版本是"您好，您看过电影《张三丰》吗？对，我也姓张，我叫张明，来自三峰销售公司，请多关照。"

（2）把某个同学介绍给另外一个同学，注意"小请"的手势。

（3）按照拟订的身份、职务与"客户"进行握手。

（4）教师随机挑选学生进行名片交换。

2. 实训验收

由全班同学和教师为每位同学打分。

项 目	分 值	同学评分（40%）	教师评分（60%）	实 际 得 分
声音洪亮、清晰	20分			
表情自然	30分			
动作规范	30分			
全程面带微笑	20分			
合计	100分			

综合实训四 拜访、迎送礼仪

1. 实训内容和要求

（1）一名学生拜访某销售经理（另一名学生装扮），上门推销图书。

（2）甲推销员经电话预约后到某公司拜访乙经理，丙作为前台，引领甲到乙的办公室。

（3）周日下午两点半，甲应乙邀请到乙家做客。

2. 实训验收

由全班同学和教师为每位同学打分。

项 目	分 值	同学评分（40%）	教师评分（60%）	实 际 得 分
仪容、仪表好	20分			
大方自然	20分			
动作规范	30分			
符合情景	30分			
合计	100分			

综合实训五　就餐礼仪

1．实训内容和要求

将全班同学分组，8～10人一组。

（1）在指定的实训室进行就餐座位礼仪训练：要求辨明上座，运用基本礼仪，能熟练地在餐桌上"推销"自己。

（2）就餐模拟：正确使用碗筷、酒具，以正确的方式夹菜和进食、向其他人敬酒。

（3）就餐出现状况考核：咳嗽、吐痰、剔牙、餐具遗落、打翻酒杯等的处理。

（4）就餐告辞考核。

2．实训验收

由各组长组成的评议组和教师对学生的表现打分。

项　　目	分　　值	各组长评分（40%）	教师评分（60%）	实 际 得 分
动作规范	40分			
仪容、仪表好	20分			
表情自然	20分			
着装得体	20分			
合计	100分			

项目七　职场礼仪

知识目标

1. 了解招聘会的含义和种类
2. 熟悉参加招聘会的流程
3. 明确参加招聘会的礼仪
4. 熟悉求职面试前的准备工作
5. 熟悉面试中的形象展示
6. 了解面试结束后的礼仪
7. 明确与同事、领导相处的原则，掌握相处的礼仪

能力目标

1. 能够准确把握职场礼仪分寸，打造个人职场形象，提升职业素养
2. 形成良好的职业形象意识和职业操守，遵守职业道德
3. 有良好的团队协作意识，提高职场沟通能力

情景剧导入

招聘会现场

人物：应届毕业生小张、小王、小雷、小徐，某单位人力资源招聘专员杨先生，某应聘者小范。

旁白：某高校应届毕业生小张、小王、小雷马上就要毕业了，可工作一直没有着落。以下是在他们身上发生的故事，仔细看看他们有哪些不符合礼仪的地方。

【第一幕】

地点：寝室。

小张："喂，我说你们两个，天天就知道打游戏，现在傻了吧？马上就离校了，你们工作找好了吗？"

小雷：正在打游戏，头都没离开电脑屏幕，说，"别提找工作，一提我就烦，我投了好几个单位了，可都石沉大海了，气死我了！"

小王：从卫生间出来，拿着刚洗好的毛巾嘟囔，"就好像我们天天打游戏似的，小张你不也没找到工作吗？装哪门子学霸？每次期末考试前要是没拉着你去图书馆，你连毕业证都拿不到，还说我们呢！"

小徐：在寝室上铺躺着发话了，"行了3位大神，指导员知道你们工作没着落，特意给你们要了明天早上的招聘会门票。找了你们3趟都没看到人影，还好我在，就塞给我了，你们明天赶紧去现场看看吧，说不定会有收获。"

"真的？"3个人齐声回应道："要不你明天陪我们一起去？"

小徐："算了吧，我工作早搞定了，明天还要整理衣服，后天就要到单位报到了，哥

几个，祝你们好运！"

小张：拉着小雷说，"哎，我说别玩了，再不去打印简历，复印室就要关门了，没简历怎么找工作？"

于是3个人带着U盘打印简历去了。

【第二幕】

地点：招聘会现场

小张："哎呀，这人也太多了。而且这招聘单位也不怎么样啊，月薪才两三千元，都不高啊！害我白白起这么早。"

小雷："你可拉倒吧。昨天晚上又半宿不睡，要不是我和小王拉你起来，你还在和周公玩儿呢。"

小张：哈欠连天地说，"才7点就吵醒我，我平常都是睡到10点多呢。"

小王："行了，别扯别的了，赶紧看看有什么好单位吧，要是去晚了，今天又白来了，听说这门票很紧张的，一个班才给3张，我们可要珍惜。"

小雷："小张，这家单位比较适合你，还在你老家，月薪5000元也还可以，专业也对口。你试试？"

小张：仰头看了下挂着的招聘简章，也觉得很不错。

小范：抢先一步坐到了应聘台前的凳子上，但没有递上简历。

杨先生："这位同学，欢迎您！请问您是什么专业的？对我们公司感兴趣吗？"

小范："我想问下，你们招聘的这个市场专员需要出差吗？我是××校市场营销专业的。"

杨先生："市场专员主要做产品推广，一般都在本市内工作，但有特殊情况也有出差的可能。您带简历了吗？"

小范："我先问清楚，再决定要不要投简历。你们给五险一金吗？是双休还是单休啊？"

杨先生：面露不悦，但马上又微笑着说，"这位同学，我们工作岗位的薪金、福利待遇还是很不错的，如果您想应聘，先进了面试再说其他的吧！"然后面向小张他们3个人的方向看过来，又面带笑容地重复着最开始的那句话，"这3位同学，你们也想到我们公司工作吗？"

小张：面带微笑地说，"您好，是我想应聘这个岗位，这是我的简历，请您过目。"然后双手递上了自己的简历。

小范：态度非常不友好地回头对小张怒吼，"哎，你知道先来后到吗？没看见是我先来的，我在和他说话吗？你急什么？不会等我们说完你再说吗？"

小张还没说话，脾气火爆的小雷发起火来了，杨先生见此情景，面部表情严肃。

杨先生：对坐在椅子上的小范说，"不好意思，这位学生，我们由于人手有限，暂不接待不带简历的应聘者，你要是有简历可以投递，没有的话……"

小范：气哼哼地起身，说道，"什么破公司，我还不想来了呢！打印一份简历要3元钱呢，不问清楚我是不会轻易投简历的！"一边说一边趿拉着拖鞋向别的公司展位走去。

杨先生：示意穿着笔挺西装、打着领带的小张坐下来，慢慢打开简历，翻看着简历里一些获奖证书的复印件，脸上渐渐有了喜色……

【分析】

我们甭管小张爱不爱打游戏，猜一猜，他会被这家公司录用吗？

任务一 招聘会求职礼仪

一、招聘会概述

1. 招聘会的含义

招聘会一般是由政府所辖的人才机构、招聘单位及高校就业中心举办的，主要服务于应届毕业生、待就业群体和招聘单位。招聘会一般分为现场招聘会和网络招聘会，本书所述主要指现场招聘会。

招聘会是目前人才交流的一种普遍途径。应届毕业生就业过程中参加招聘会的目的是推销自己，赢得面试，为顺利找到满意的工作做准备。

2. 现场招聘会的优点

现场招聘会的优点是能与招聘单位面对面，能通过呆板的职位说明进一步了解企业和岗位信息，同时也能了解到职场和行业的相关信息。应届毕业生通过现场招聘会可以直接询问招聘单位的一些信息，如具体的薪资待遇等，同时，表现优秀的应聘者可给招聘单位留下好的印象，招聘单位可能会发出具体面试通知甚至直接录用。

3. 现场招聘会的缺点

现场招聘会现场人数众多，场面容易混乱，声音嘈杂，交流不是很方便；企业分类不细，应聘者过多时可能白白投递简历，存在比较费时、费力的缺点。

图 7.1 所示为现场招聘会场景。

图 7.1 现场招聘会场景

二、招聘会的种类

1. 应届生专场招聘会

应届生专场招聘会即校园招聘会，一般由学校就业处或省/市毕业生就业指导中心在每年的 11～12 月或次年的 4～5 月举办，主要面向即将毕业的应届生。这种招聘会通常职位数量有限，参加者以学生为主，招聘专业设置通常与学校所开设的专业相关联。

2．大型综合招聘会

大型综合招聘会一般选址在大型的展览中心、广场等集会场所，可以吸引几百家甚至几千家各种行业和类型的公司前来现场招聘人才。通常这种招聘会的参加者数以万计。

3．行业人才招聘会

该类招聘会是特定行业的人才招聘会，如 IT 类人才招聘会等，前来应聘者也多以该行业和职业类型为求职目标。

4．中高级人才招聘会

中高级人才招聘会的面向群体通常为有 5 年以上工作经验的中高级人才。此类招聘会通常也称为邀约式面试，即企业发布招聘职位，招聘会举办方以电话、短信、网络通信等方式邀约面试人员在指定日期参会。参与此类招聘会的企业通常知名度较大，开出的年薪较高，有猎头参考，对应聘者有一定的要求，一般不适合应届生。

5．网络招聘会

网络招聘会其实就是现场招聘会的网上展示版本，在表现形式上可以说是多元化的。一般网络招聘会的举办时间都在 20～30 天，其中包括 10 天左右的宣传时间。每届招聘会，举办方都会策划不同的主题和基调，设计不同风格的专题网页。

三、参加招聘会的流程

1．明确职业目标

即将走上社会的毕业生，事先要确定自己的职业方向，即分析自己喜欢干什么，能干什么，自己有哪些特长，具备什么样的工作能力，以此确定最适合自己的工作岗位。

案例 7.1

有"职业规划"的毛毛虫

4 只爱吃苹果的毛毛虫各自去森林里找苹果吃。

第一只毛毛虫根本就不知道苹果树长什么样子，没有目的，不知终点，没想过什么是生命的意义，为什么而活着。

第二只毛毛虫找到了一棵苹果树，看到一个苹果就爬上去大吃一顿，但它发现如果当初它选择另外一个树枝，就能得到一个更大的苹果。

第三只毛毛虫知道自己想要的就是大苹果。因此，它为之制订了一个非常完美的计划。可是毛毛虫漫不经心，爬行速度相当缓慢，当它抵达时，苹果不是被别的毛毛虫捷足先登，就是因已经熟透而烂掉了。

第四只毛毛虫做事有自己的规划，它的目标并不是一个大苹果，而是一朵含苞待放的苹果花。它还做了一个望远镜，计算着自己的行程，结果它如愿以偿，得到了一个又大又甜的苹果。

2．了解参会单位的情况

参加招聘会前，应尽可能多地了解各招聘单位的情况。

（1）需要通过查看招聘会主办方的网站、会刊，或主动向主办方咨询等方式了解各招聘单位的招聘信息，包括企业名称、招聘岗位名称、工作要求、任职要求等信息。

（2）根据自己的求职意向筛选并列出自己的目标单位。

（3）将选定的目标单位的展位编号写在纸上，这样在参加招聘会时可以直接按展位编号快速地找到目标单位，节省时间和精力，提高效率。

3．准备简历

数据显示，HR（人力资源）阅读每份简历的时间是 15 秒，而阅读感兴趣的简历的时间则不超过 120 秒。在这短短的 15 秒，如何让自己的简历给 HR 留下深刻的印象是非常重要的。

很多应聘者在参加招聘会时会犯"一份简历包打天下"的错误。事实上，越是针对性强的简历越容易得到认可。参加招聘会时，应聘者需要根据自己的求职意向准备多个版本的简历。例如，如果求职意向是销售和行政专员，那么就需要针对这两个求职意向制作不同版本的简历，针对销售的简历应当在个人特长、工作经验或实践经历中突出与销售职位相关的内容，针对行政专员的简历则应当突出与行政相关的内容。如果有非常明确的意向招聘单位且对其有足够的了解，还可以特别针对该企业的应聘岗位与要求"量身定制"一份简历，这样简历将会更具针对性，更能获得招聘单位的青睐。

4．准备物品

在参加招聘会前，可以对照表 7.1 所示的物品清单，看看自己准备的物品是否齐全。需要注意的是，在参加招聘会时不要带证书原件和贵重物品，因为招聘会现场人数众多，重要物品容易丢失，造成损失。同时，在投递材料时最好根据用人单位的要求，有针对性地投递相关的求职材料。

表 7.1　招聘会物品准备清单

序　　号	物 品 名 称	是 否 齐 全
1	个人简历（电子版、纸质版）	
2	毕业生推荐表复印件	
3	学习成绩单复印件	
4	身份证复印件	
5	职业资格证书和技能证书复印件	
6	获奖证书复印件	
7	工作经验证明材料复印件	
8	笔记本和笔	
9	文件袋或公文包	
10	其他	

5．准时参会

在参加招聘会前，需要再次明确招聘会的时间、地点，确定合适的出发时间、交通方式和乘车路线，准时参加招聘会。

四、参加招聘会的礼仪

1．调整好心态

刚走出校门的部分大学生会过高地估量自己，而对于企业而言则是"赛马而不相马"，他们所需要的人才正是那些能够放下架子从基层干起、合理定位自己的高素质人才，因此如果大学生太过于看重自己所谓的高等学历，却不能理智地自我定位，在就业中往往会有高不成低不就的尴尬；也有一部分学生遇到一两次挫折后就打了退堂鼓。

因此，参加招聘会要调整好自己的心态，淡化成败意识，树立越挫越勇的精神。

2．用心投放简历

（1）简历要干净、整洁。简历就是应聘者的一张名片，虽然不一定要花大钱去制作过于精美的简历，但一份干净、整洁的简历却是必需的。有的应聘者不爱惜自己的简历，随意折叠在一起，投递时将一份皱巴巴的简历递到招聘单位面前，有的简历甚至沾有手印、污迹等，HR 对该应聘者的第一印象可想而知。

简历最好控制在 1 页（A4 纸）内，排版要清晰，学会利用表格、粗体字、醒目的大标题和文字等让招聘单位迅速了解到应聘者的能力。一份简历不仅可以看出一个人对于一份工作的胜任能力，而且可以体现应聘者是否具备良好的表达能力。

（2）简历内容要完整无误。简历中不要有"小错误"，有些应聘者对于简历中的"工作经历"部分投入了全部心思，却忽略了诸如个人信息的一些被认为不会对求职产生重要影响的部分。而一些这样的小忽视，甚至不以为意的小错误，往往会导致严重后果。

案例 7.2

错误的电话号码"推走"了工作机会

小孙同学向一家中国 500 强企业投递了个人简历，应聘销售人员岗位。简历投出一个星期，依然石沉大海，没有收到任何回信。小孙主动打电话给用人单位进行询问，结果对方告诉他，公司看了他的简历后觉得他各方面的条件都符合岗位要求，便打电话通知他来面试，结果拨打了简历上留的电话号码却显示是空号，他们只好联系了另一位应聘者。小孙很奇怪，又去仔细核对了简历上的信息，发现自己的电话号码的确写错了一位数，才导致与心仪的公司擦肩而过，心情非常沮丧。

请思考

你认为个人简历需要检查得那么仔细吗？为什么？

此外，把招聘单位的名称写错、个人信息只填姓不填名、电话号码位数不对、简历照片贴各种嘟嘴卖萌的自拍照等都会让人感觉到应聘者缺乏诚意，这样的简历被直接淘汰也就在所难免了。

比如，对简历照片有以下要求。

① 尽量与自己的原貌相符，不要有太大差距。
② 要有朝气，不要萎靡不振。
③ 化妆清淡，头发整洁，避免浓妆艳抹或蓬头垢面。
④ 服装款式尽量与应聘岗位的工作性质相符，看上去比较职业化。
⑤ 服装正统，不要花里胡哨。
⑥ 一定要用近期免冠照片，不可用 3 年前的照片。
⑦ 不要对照片做过多的艺术化处理，不要过度美化。

（3）要有选择性地投递简历。有很多应聘者抱着"广撒网，多敛鱼"的想法，一到招聘会就乱投简历，哪儿招人就把简历投到哪儿，认为这样就能获得更多的机会。其实并非如此，试想一下，如果所投岗位和自身情况完全没有关系，招聘单位会给机会吗？想想每年招聘会结束后满地被丢弃的简历就明白了。因此，招聘会前最好能对参展的各招聘单位进行筛选，有目的地投递简历，提高命中率。

3．服饰得体、整洁

参加招聘会时应该着装得体，保持良好的个人形象。注重礼仪，既能体现出对招聘单位的尊重，也能表现出专业气质。

招聘会和正式面试还是有区别的。正式面试更强调衣着形象，而招聘现场人挤人，舒适、安全、便于行动的服饰更适合，特别是在招聘会现场人多时，女生穿高跟鞋就有安全隐患。

4．举止有度

精心准备的服饰加上一个人自信、积极向上的精神面貌才是 HR 最想看到的。在招聘会上，招聘单位强调的是面试素质，但一些应聘者因为紧张等各方面的原因，在面对 HR 时出现抓耳挠腮、摸鼻子、抖腿等各种小动作，这其实是不自信的表现。

不要在参展台前左顾右盼，不要大声说话，因为这样既显得很不庄重，又容易引起反感。轮到自己时要面带微笑向 HR 致意问好，注意称呼应当得当。

被请入座时，应道声"谢谢"后入座并保持良好的体态。HR 介绍情况时应认真聆听，并适时表示是否听明白。面对 HR 的提问应从容应答，口齿清晰，音量适中，简练且完整。当有两位以上的 HR 时，谁问问题，目光就要注视谁，同时环顾其他 HR 以示尊重。谈话时，和 HR 要有眼神对接，目光坚定从容，不东张西望，眼神不要飘忽不定，以免让人感觉缺乏自信。面谈结束应礼貌地询问"还有什么要问的吗？"若没有，则在得到允许后微笑道别，扶正椅子，起身离开。

任务二　求职面试的礼仪

如果说 HR 看每份简历的时间是 15 秒，那么面试时的 3 分钟就已经决定了应聘者是否能被录用。有研究显示，这 3 分钟时间给面试官留下印象的，只有 7%是应聘者的能力表现，38%来自身体语言所表达出来的信息，另有 55%则来自应聘者的外表和着装，由此可见面试时外在形象的重要性。因此，仪表着装是面试中应聘者留给 HR 的第一印象，举止仪态是第二印象，语言交流是第三印象。这 3 点基本体现了一个人的基本素养和内涵。要想在面试中脱颖而出，不仅要遵循一定的礼仪规范，还要自信大方地展现自己。

一、面试前的准备

1．服装得体

讲到面试着装，一般而言男士着西装，女士穿套裙。衬衫、领带、黑皮鞋，会让人感觉到应聘者对面试的重视，而且也比较精神，能体现职业气质。当然，如果企业文化是较休闲、不拘小节的，则打扮也不需太正式，应与企业融为一体。

刚刚大学毕业的小王去应聘一家单位的销售人员，她想着，要想面试给人留下深刻的印象，对自己进行包装是有必要的。家庭条件一般的她听取了朋友的建议到网上买了一堆山寨名牌，从上到下对自己进行了一番改造并自认为增色不少。面试中，面试官对她的各方面能力都比较满意，但是看了她的这身"行头"，认为她家境富裕吃不了苦而没有录用，小王反而弄巧成拙了。

从小王的例子可以看出，面试中不要过于追求"名牌"加身，穿着简单、大方得体反而是比较安全的选择。具体来说，切忌穿太紧或太透的衣服；不要穿超短裙（裤），不要穿领口过低的衣服；夏天，内衣（裤）颜色应与外套协调一致，避免透出内衣（裤）的颜色和轮廓，否则会让人感到不庄重、不雅致，也给人轻浮之感，这是求职之大忌。

服装的色彩、款式要和自己的年龄、气质、体态及所应聘的岗位相协调。通常淡雅或同色系且款式大方的服装较易获得好感，色彩相宜的衬衫和西裤（女士为半身裙）使人显得稳重、自信、干练、大方，更容易获得他人的好感和信任。但年轻人不要为了让自己显得成熟就一味地打扮得过分老成，而应该体现年轻人该有的朝气和活力。聪明的应聘者在面试前会先了解一下招聘单位的企业文化及员工的着装风格，这样就不会在面试时穿错衣服了。

2．鞋袜搭配协调

选择鞋子的总体原则是和整体相协调，在颜色款式上和服装相搭配。但是女生不宜穿着长而尖的细高跟鞋，不宜穿拖鞋，穿着中跟鞋是比较适宜的。另外，对于应聘者，无论穿的是皮鞋还是球鞋，至少要保持鞋子的干净。

袜子的选择也要注意协调。袜子颜色要和衣裤相搭，男生要注意袜子的高度，确保坐下时不至于露出腿部有毛的皮肤。女生穿裙装时要穿连裤丝袜，不能有脱丝，最好在随身的包里放一双备用丝袜，注意不能穿花色丝袜或网状袜，肉色丝袜是比较保险的选择。

3．饰品少而精

饰品应尽量少戴，尤其不适合佩戴华丽的珠宝玉石类饰品，当然，廉价的仿制饰品也不要戴。

（1）可以戴一枚款式简洁的戒指，也可以戴一对小巧、不引人注目的耳环或一条朴实无华的项链，使人感觉舒适并注意力集中。

（2）眼镜会使一些人外表增色，也可能使一些人显得不协调。要尽量选择适合自己的镜框，式样较新为好。另外，千万不能戴太阳镜或彩色隐形眼镜去面试。

（3）围巾或丝巾除了有保暖的作用外，也有为服装锦上添花的作用，可以选择一条漂亮的围巾或丝巾，起到画龙点睛的效果。

4. 发型（胡须）要干净、自然

去面试时要保持头发整洁，不要给人油光锃亮或湿淋淋的感觉；发型要根据自己的脸型和气质来选择，总的原则是简单、朴素、美观大方，不能剪超前卫怪异的发型。留披肩长发的女生要注意，面试时不要让头发遮住脸庞，也不能压着衬衣领；男生不要留鬓角，最好不要留中分头，胡须最好刮干净，不要留人丹胡、络腮胡等。

5. 女生适当化妆

化淡妆是对别人和自己的尊重，这种观念在我国已经慢慢形成。女生在面试时可以适当地化点淡妆，以简单自然为主。男生不化妆，但要注意个人卫生，身上不要有汗臭味、烟味等怪味，面试前不要吃洋葱、大蒜等口味重的食物。

6. 注意手和指甲

手是人的第二张脸，是气质外观的另一个表现方面。为充分展示良好的职业形象，应保持手指干净，修剪好指甲。千万不要留长长的指甲，不要做艳丽的美甲。

案例 7.3

指甲透露的信息

某公司要招聘一名计算机操作员，很多职业学校毕业的女生来应聘。招聘的人事专员吴先生对女孩子们说："不要急，不要急，每个人都有机会，请按顺序把你们的简历交上来。"女孩子们依次把简历交到吴先生手上，吴先生每接过一份简历并不急着看，而是悄悄地在封面用铅笔打上一个标记。简历收完后，吴先生说："好，现在我念到名字的同学明天来参加面试。"人事助理小陈觉得很奇怪，吴先生是怎么筛选出面试人员的呢？

等到女孩子们都走了之后，小陈将心中的疑问提了出来。吴先生微微一笑，说："我在她们将简历交到我手上时就借机观察她们的手。那些指甲长长尖尖、涂得五颜六色的女孩子们，她如果整天打字哪里能留那么长的指甲呢？这样的人怎么能适应计算机操作员的工作呢？"

请思考

看看你前后左右同学的指甲，是长的吗？如果你是面试官，你会喜欢长指甲的同学吗？

二、面试中的形象展示

1．准时赴约

要按约定好的时间，提前 5～10 分钟到达面试地点，以表示应聘诚意，给对方以信任感，同时也可调整自己的心态，做一些简单的仪表准备，以免仓促上阵，手忙脚乱。为了更好地做到这一点，一定要牢记面试的时间和地点，规划好出行路线和在路上的时间，最好用手机做一个备忘提醒。有条件的话可以提前去一趟。

面试迟到一定会给招聘单位留下不好的印象，甚至直接失去面试机会。

2．耐心等待

如果同一时间段有多人面试，那么在开始面试前肯定有一段等候时间。到达面试地点后要主动向接待人员问好，尊重接待人员的安排。在等候期间不要到处走动，不要东张西望，更不要擅自跑到面试室外偷听或观望，而应该在等候区域耐心、安静地等待，与其他应聘者之间的交流也应尽量小声，以免影响他人。

3．管理好手机

在进入面试室前最好把手机调至静音或关机状态，并且放入随身携带的包或口袋内。在面试过程中不要看手机或玩手机。

4．礼貌入室

不管面试室的门是否开着，都应先轻轻敲门，得到许可后方可进入。进入时不要先把头探进去张望，让人感觉偷偷摸摸的，应整个身体一同进入。走到室内后，要面向面试官，用手从背后轻轻将门关上，并向面试官微笑致意说"您好"或"你们好"。在未经许可的情况下，不可贸然进入面试室。

5．礼貌握手

假如面试官主动伸手以示欢迎，要坚定而温和地回握；如果面试官没有握手的主动表示，切勿伸手做出与对方握手的动作。

6．自然入座

面试官没有请你坐下时切勿着急入座；当面试官请你坐下时，应礼貌道谢并大方落座。入座时要轻而缓，不要发出任何嘈杂的声音。

面试过程中，身体不要随意扭动，双手不应有多余的动作，双腿不可以反复抖动，不要不断揉搓手指，不要不断摆弄衣服或抓头发，这些都会表现出你的紧张和缺乏自信。

男生就座时，应双脚踏地，双膝之间至少有一拳的距离，双手可分别放在左右膝盖之上，若是穿着较正式的西装，应解开上衣第一颗纽扣。

女生在面试入座时，应双腿并拢并斜放于一侧或双腿并拢，膝盖成 90°角垂直于地面，双脚也可稍有前后之差。若女生穿着裙装，入座前应收拢裙边再就座。女生的坐姿要优雅，双腿并拢，上身保持挺拔，头部端正，目光平视面试官。坐稳后，身子一般占座位的 2/3，两手掌心向下，自然放在两腿上，两脚自然放好，面带微笑，保持自然放松。

7. 认真倾听

面试中要认真听取面试官的提问或情况介绍，听的时候越专注则显得越有礼貌。听的过程中应该注视面试官，不时地通过点头、表情或巧妙地插一两句话如"是的""您说得对""原来如此"等以示自己在认真听。同时应该认真捕捉面试官讲话的信息，仔细认真地品味面试官话语中的言外之意，正确地判断面试官的真正意图。

8. 注意目光和表情的运用

面试时应保持自信的微笑，从容镇定，把自己的真挚和热情"写"在脸上，才能让人产生值得信赖的好感，不要老是皱眉或面无表情。另外，面试时的目光也很重要，应用散点柔视，大方地投放在公务凝视区或社交凝视区，切忌投放在亲密凝视区；更不可目光闪烁，游移不定，左顾右盼，窥视面试官桌上的稿纸和笔记。

9. 精简的自我介绍

面试中的自我介绍并不是不必要的重复，而是为了使面试官加深印象，产生立体的感觉。自我介绍不宜啰唆，要求简短有效。如果没有时间规定，一般控制在2~3分钟为宜，具体应根据面试时的实际情况做出调整。介绍内容包括自己的名字、专业、特长、社会实践、工作经历、有什么能力、获得了哪些成绩等。有效的自我介绍不是机械地背诵，而是有重点地进行自我推销，因此要巧妙地在自己的特长与所求的工作之间找到衔接点，并将其展示出来。

10. 注重交谈礼仪

（1）应该用普通话回答，要求发音准确，吐字清楚，语速适中，语调不宜过高，声音不能太小。

（2）说话时态度诚恳、谦逊，不要咄咄逼人，如果自己要提一些要求，也尽量用商量的语气。

（3）应该注意用语的礼貌，切忌出现不文明的语句。称呼招聘单位时要用第二人称的尊称"贵"，如"贵公司"；另外"请""谢谢"等礼貌用语要常挂在嘴边，少说或不说口头禅，更不能出言不逊，贬低他人。

（4）在回答问题时，对方问什么答什么，问多少答多少，切忌问少答多、问多答少。

（5）注意把握谈话的重点，不要离题，不要啰唆，在回答任何问题时都要诚实，做到准确客观，不可编造谎言，夸夸其谈。

（6）切忌任意打断面试官的谈话，喧宾夺主，随意插话，这是极不礼貌的行为；也不要面试官刚说完问题或问题都还没有说完就迫不及待地回答，抢答显得不够稳重。

（7）碰到一时答不出的问题可以用两句话缓冲一下，如"这个问题我过去没怎么认真思考过。我是这样认为的……"然后在脑子里迅速搜索答案，组织语言。如果还找不到答案，可以说你所知道的和这个问题相关的信息，然后承认有关的问题思考得比较少或没有认真考虑。只要能从容地谈出自己的想法，虽然回答欠成熟，也不致影响大局。

（8）假如面试官提的一些问题令你感到不愉快，要注意稳住自己的情绪，不可和面试官争辩，也不要直接和面试官硬碰硬。始终保持礼貌是面试中一定要切记的规则。可以礼貌地拒绝回答这类问题，也可以反问面试官该问题是否与工作有关或面试官问此问题的用意。

11. 礼貌告退

要适时起身告辞，面带微笑地表示谢意，与面试官等人道别。起立时最重要的是稳重、安静、自然，不能发出任何声音。离开房间时轻轻带上门。出场时，别忘了向接待人员道谢、告辞。

练一练

与前后座的同学两两组成一组，一方扮演面试官，另一方扮演应聘者，模拟求职面试过程。

三、面试结束后的礼仪

1. 诚心实意地感谢

为了增加求职成功的可能性，面试后两天内，最好给招聘单位打个电话或写封信表示谢意。其中，感谢电话要简短，最好不要超过 3 分钟；而感谢信也要简洁，最好不超过 1 页。

大多数情况下，感谢信通过电子邮件发送更合适。感谢信的开头应提及自己的姓名、简单情况和面试的时间，并对主面试官表示感谢；中间部分重申自己对该公司、该职位的兴趣，或增加一些对求职成功有用的新内容；结尾可表示自己对这份工作的渴望，以及为公司的发展壮大做贡献的决心。

2. 不要过早询问面试结果

面试结束后希望早日得知面试结果的焦急心情可以理解，但是在面试第二天或隔一两天就打电话去询问，甚至一天打几个电话询问，显然是不合适的。一般情况下，较正规的大公司每天面试结束后，都要进行讨论和投票，然后送人事部门汇总，最后确定录用人选，可能要等 3～5 天。应聘者在这段时间内一定要耐心等候消息，不要过早打听面试结果。一般来说，如果在面试两周后或面试官许诺的通知时间到了还没有收到对方的答复，就应该打电话询问是否已有决定。

打电话询问前要考虑两个问题：什么时候打电话？怎么说？从礼仪角度说，打电话应该在对方方便的时间，招聘是公事，所以应该在工作日的上班时间内打电话，而在这个时间段又要尽量避开对方工作繁忙时间，如周一上午、周五下午、每天刚上班的半小时和下班前的半小时。打电话要按标准的电话通话礼仪规范，自始至终尊重自己的通话对象，待人有礼。如果知道自己没有被录用，要保持情绪稳定，并虚心请教自己没有被录用的原因，以后再努力。电话询问面试结果最多打 3 次，当然要注意电话询问的间隔，再复杂的讨论程序经过这么久也应该有结果了。

3. 平静地对待面试结果

作为应聘者，经过数日奔波最后可能没有成功，也可能"修成正果"，但无论结果如何，都应该摆平心态，平静面对。

如果没有成功，不要气馁，应该审视自己还有哪些不足，总结经验，重新做准备迎接下一次的面试。

如果面试成功，也不要急。应该看看录用的条件是否与面试时相符，如职位、薪水、报到日期等。因为有的企业同时招聘多个岗位，在某些求职岗位已满的情况下，会安排应聘者到其他岗位，这时就需要考虑是否能接受。

收到岗位入职邀请后，需要更全面、更认真地去了解企业，了解工作，为顺利开展工作做好准备。

任务三　同事之间的礼仪

与同事的相处时间，恐怕仅次于与家庭成员之间的相处时间。因此，同事关系是除家庭关系以外最为重要的社会关系，任何一个人都希望与同事和谐、友好相处，处于一个互相信任、互相尊重的工作集体中，那么与同事相处要注意哪些礼仪呢？

一、与同事相处的基本原则

1．相互理解、相互尊重

相互尊重是处理好任何一种人际关系的基础，同事关系也不例外。每个人都有自己的个性和独特的生活经历，在看问题或处理问题时都会表现出各自的不同。不要把自己的好恶强加到同事身上，也不要把自己所不愿做的事强加给同事。亲友之间失礼可以用亲情弥补，同事之间一旦失礼，造成的创伤将很难修复，所以，一定要注意相互理解，尊重同事的个性。

2．宽容大度，真诚以待

小小一间办公室，相处久了，同事间难免会有误会和矛盾。对于工作上的分歧和矛盾，应该以冷静、大度的态度去对待，仔细地分析原因，寻求较适当的机会去解决。有了分歧就进行讨论，对事不对人，控制好自己的情绪。在工作中，对同事要宽容友善，不要抓住一点错误纠缠不休，要明白"人非圣贤，孰能无过"的道理。

如果自己出现失误应主动向对方道歉，征得对方的谅解；对于误会，要主动向对方说明，不可小肚鸡肠，耿耿于怀。每个人都有被人认可和被人尊重的愿望，如果对方有一些缺点和做法令自己实在看不下去，可以温和地向对方提出建议，可以敬而远之，但不可以四处张扬。

3．真诚合作，公平竞争

同事间是相互依存的关系，很多工作必须依靠合作才能完成。不难发现，有的企业因为内部人事斗争，不仅企业本身"伤了元气"，整个社会舆论也产生了不良影响。所以作为一名在职人员，尤其要注意个体和整体的协调统一。在职场工作必须有良好的团队意识和协作意识，这是一名员工应该具备的基本职业操守和职业道德。不在竞争中玩小聪明，公平、公开竞争才能使人心服口服，凭真本领才能取得竞争胜利。

4．低调做人，发现他人优点

《张瑞敏管理日记》中有一句话："得意不忘表，失意不失态，关键是战胜自我。"职场上太过张扬不会走到最后，所以当在工作上取得成功时要记住：成功永远不是一个人的事。成功一定和周围的人际关系有关，有自己的努力，也有他人的帮助，取得成绩时不要忘了感谢身边的同事。

> **案例 7.4**
>
> #### 低调的小杨
>
> 小杨大学毕业后找到的第一份工作是在一家连锁超市的门店做服务员。可以说，他算是他们店里的"高材生"。由于小杨对超市行业完全是"小白"，所以从未和同事们提起过他的学历，并不是他故意隐瞒或不屑谈论，而是他觉得所学的专业和现在的工作没有任何关系。由于他为人随和，做事也很认真，店里的同事也很快接受了他，还有位师姐认他做徒弟，手把手教他做事。
>
> 两三个月后的某天，店里来了几个外国朋友，一时没有找到自己要买的商品在哪里。由于不会讲中文，他们就用英文询问，小杨就用英文流利地和他们交谈。小杨的同事对他的英语水平感到非常吃惊，询问后才知道小杨是大学毕业生，同事们都很佩服他，认为他给门店长脸了。
>
> **请思考**
>
> 大家为什么能接受小杨？如果小杨一开始就自视甚高，看不起学历比他低的人，会出现什么情况？他的同事还会对他那么好吗？

工作中要善于发现他人身上的优点，孔子曰："三人行，必有我师焉。"每个人都有值得学习的地方，关键在于要挖掘他人的优点。学会发现他人的优点后便会发现，自己不喜欢的那个人其实不难相处，随之，自己的人际关系会变得更好。

二、与同事相处应注意的礼仪细节

（1）早晨上班或路上相遇，应主动向同事致以"你好""早上好"等问候；下班回家时互道"再见""明天见"；如有工作外出应和同办公室的同事打声招呼，说明去向。

（2）打电话时尽量放低声音。如果是私人电话，尽量减少通话时间。转接电话时使用文明用语。

（3）同事间的经济往来一定要清楚，借钱、借物、赠送礼品等不能马虎，每一项都要记录明白，提醒自己及时归还，即使是借用办公用品也要及时归还。

（4）对同事的困难要给予关心，同事需要帮助时要伸出援助之手，这样会增进双方之间的感情，使关系更加融洽。

（5）同事之间闲谈时需要注意：谈话要有节制，不要因谈话而影响或耽误工作；不要谈含低级趣味、污言秽语的内容；谈话中出现分歧和矛盾时，应主动转移话题；不要老谈自己的烦恼；不要议论任何人的隐私。

案例 7.5

小白为何被辞退

小白是刚入职场的新员工，有一天去给老板送文件，却在办公室门口听到老板在电话里和丈夫吵架，当时老板正怒火中烧，面目狰狞，与平时温文尔雅的形象大相径庭。当她看到小白时，立即挂断了电话，两个人都非常尴尬。小白是个热心的人，老板也一直待她不错，所以小白见不得老板难过。她径直走进办公室，放下文件安慰老板道："没关系，我也经常和男朋友吵架，过会儿他就会来哄你了。"小白本以为自己的安慰会让老板心情好转，没想到老板请她马上离开。第二天，小白就被辞退了。

请思考

小白为何会被辞退？假如你是小白你会怎么做？

（6）在开会或同事聚会的场合，不对任何不同意见有轻蔑的举止。

（7）不在办公室里脱鞋、赤脚，不在办公室堆放私人物品。

（8）不翻其他同事桌上的文件资料，甚至计算机、传真机上与自己无关的资料。

案例 7.6

重要的最后一关

杭州有家外资企业招工，对学历、外语水平、身高、相貌的要求都很高，而且薪酬也很高，所以很多高素质人才都来应聘。小李过五关斩六将，终于到了最后一关的总经理面试。小李想，"都到这一关了，肯定没问题，只不过是走走过场罢了。"

面试当天，到了总经理办公室，刚打完招呼，总经理说："很抱歉，我有个临时的紧急会议要去参加一下，大约十分钟，你能不能等我？"小李赶紧说："没问题，您去吧，我在这等您。"总经理走了，小李在办公室闲不住，便围着总经理办公室转了一圈，最后看到总经理办公桌上的摆件竟然玩了起来。过了好一会儿，总经理还没回来，小李就开始翻起了办公桌上的文件，而这一切都通过监视器被总经理看得清清楚楚。

请思考

小李会被录用吗？

（9）如有任何资料需要别人转交，一定要贴上标签，写清时间、内容、签名并不忘道谢。

（10）男士不要在办公室抽烟，以免污染环境；女士不要在办公室化妆、涂指甲油，不穿过分短小、暴露的衣服。

（11）在办公区域遇到其他部门同事或来访者时不忘微笑问好。

（12）不要在办公室里制造流言或传播小道消息。

（13）保持办公桌和办公环境的整洁干净。

（14）同事出现错误不要不分青红皂白、不分场合地批评和指责。

（15）如果必须向同事表达反对或拒绝，一定要注意掌握拒绝的语言技巧，礼貌拒绝。

（16）不要随便串岗，以免影响他人工作。

任务四　下属与领导之间的礼仪

下属与领导之间可以是领导与被领导的关系，也可以是指导与被指导的关系。

从工作的角度来讲，领导就是领导，下属就是下属，领导与被领导的关系是为了更好地做好工作而形成的，它不只是依据年龄大小、入职早晚或者阅历深浅形成的。下属要尊重领导、服从领导、维护领导。下属与领导的精诚合作可以使工作卓有成效，能否与领导处理好关系也会直接影响一个人在企业中的发展。

一、与领导相处的原则

1．尊重领导

单位的领导一般具有较高的威望和能力，有很强的自尊心。作为下属，应维护领导的权威和自尊。与领导相处时，首先应该做到尊重对方，从心理上尊重领导，才能在日常行动上做到尊重并保持谦恭的态度。特别是在公共场合时尤其应注意，即使与领导的意见不同，也应该私下与领导说明，不能因个人恩怨而泄私愤、图报复，有意与上级唱反调，有意损害其威信。

2．支持领导

除尊重领导的权威以外，还要支持领导的决策。只要有利于事业的发展，就要积极主动地支持上级，配合上级开展工作。对于领导分配的工作，一定要服从安排，特别是对于新参加工作的员工来说，因刚开始工作，经验、能力等各方面都会有所欠缺，这时对于领导布置的工作更应该坚决、认真地执行。当然，有可能发现领导的决定有错误，那么在执行过程中就要多和领导沟通，这样即使最后的结果不尽如人意，领导也不会因为不了解事情经过而怀疑你的能力。

3．理解领导

《任正非传》一书里记录了这样一则故事：

华为一个新员工，毕业于北京大学，刚到华为时，就公司的经营战略问题洋洋洒洒地写了一封"万言书"给任正非，原本以为自己独到的见地能够打动领导，但结果任正非批复："此人如果有精神病，建议送医院治疗，如果没病，建议辞退。"

大学刚毕业的学生，没有做过管理，甚至工作经验也有限，更何况是一家企业的经营管理方法，他只能从自己有限的视角出发去看待问题。刚到公司就写"万言书"，这恰恰说明他不懂企业经营之艰辛，不能站在企业管理者的角度去思考问题。一个团队的领导者要承担这个团队的责任，要考虑的是全局而不是一个方面。因此，下属在工作中应尽可能多地替领导着想，为领导分忧。通常而言，身为下属，能够优质高效地干好本职工作，不让领导费心、不给领导找麻烦，便是很好的为领导排忧解难的方法。

二、与领导相处的技巧

（一）体现敬意

很多年纪大的人觉得现在的年轻人不懂礼仪，比如边说话边玩手机，回答问题时头转身不转，做错事了就找借口，有事不打招呼，哪怕两个人面对面坐着都要通过手机交流，甚至有人离职也走得无声无息。现在的年轻人生长在一个网络时代，他们的很多交流对象来自网络的虚拟空间，所以他们在网络上可以无话不谈，面对现实社会的人际交往却并不擅长。

与领导沟通的首要技巧是始终保持敬意。"礼者，敬人也"，只有内心保持对领导的尊敬，行为上才能体现尊重。比如打招呼是向对方表达敬意，如果态度不好或行为举止不当，反而会适得其反。与领导碰面时应热情主动地打招呼，面带微笑，不要过于夸张；如果领导在和其他人说话，可以用微笑着点头示意来代替；如果领导与他人同行，应同时向其他人微笑示意。

对领导的称呼要注意场合，在很多单位和公司内部对领导的称呼常常喜欢使用简称如"黄局""陈处""王总"等，然而在正式场合这样的称呼是不合适的。在正式场合，必须使用正确、规范的称呼。职场新人应尽快熟悉公司各位领导的职务、头衔和姓名，这样与领导见面时才能准确地称呼。

（二）接受工作指示时应注意的问题

正确且及时地处理好领导交代的工作是对下属起码的要求，当被领导叫到名字时应回答"是"或"在"，使领导能够知道下属处于良好的工作状态。到领导办公室接受工作任务指示时，一定要带上笔记本，将领导的指示记录下来，并且应认真听完，中途不要插嘴。

（1）笔记按 5W1H 原则进行确认。5W1H 原则含义如下。

① 什么时候（When）——确定工作何时开始，应何时完成。

② 什么地方（Where）——明确工作开展地点。

③ 是谁（Who）——明确工作对象。

④ 结果是什么（What）——清楚工作目标。

⑤ 为什么（Why）——知道工作的重要性。

⑥ 过程如何（How）——明白工作程序和方法。

（2）如果对指示有不清楚的地方，等领导说完后要提出来请上司明示。

（3）对于领导指示的要点，特别是涉及数字、时间、地点等时，一定要重复一遍，请领导确认，因为领导也可能会出现错误。比如：领导原想指示"周四下午 3 点准时参加"，但说成了"明天下午 3 点准时参加"，而实际上"明天"才是周三，这可能是领导错把周三当成了周四。

（4）对于领导的指示，如果了解一些相关的信息，或自己有什么建议和设想，可以说出来供领导参考。

（5）当领导一次交办的事情超过两件以上时，应和领导确认工作的先后顺序，不能按自己的想法来决定。如果在接受指示时，发现与自己现有的工作在时间上有冲突，自己无法调整，应马上说出来。

（6）如果觉得自己不能胜任该项工作，要诚实地讲明困难，不要找借口。

（7）如果是非直接领导的指示，若事情简单，就另当别论；若执行起来要花费一定的时间和精力，就应该向自己的直接领导汇报。

（8）工作完成以后，要完整地进行汇报。对于一些较复杂的工作，需要的时间也较长，应该适时适度地进行汇报，以便领导掌握工作进展情况或根据工作进程进行相应调整。

（三）汇报工作时应注意的问题

完成任务后，下属向领导汇报工作是一项重要的工作内容。一般是将工作中的有关信息进行分析、研究、归纳、总结后，根据实际需要和有关规定向有关领导进行专门的报告，除了是下属和领导对这项工作情况的一种沟通外，还有助于领导因此项工作而认同下属的工作想法或认可下属取得的工作成绩，确认下属的工作价值，这可能会对下属的职业生涯产生直接影响。因此要认真对待工作汇报，掌握汇报工作的礼仪与技巧。

1. 选择汇报的方式

（1）口头汇报。口头汇报就是直接与领导面对面的汇报方式，是工作汇报中常用的一种形式。口头汇报因是直接向领导汇报，所以方便快捷、形式灵活，时间限制也不是特别严格，而且可以得到最快的反馈和指导。口头汇报常见于事务性工作及一项工作进程中的随时报告。

（2）书面汇报。书面汇报就是将汇报内容整理成文字材料，请领导审阅处理，与口头汇报相比更加严谨和规范。书面汇报对于一些数据的呈现更为清晰且不易出错，可以更加具体、详细地对工作的经过和结果进行分析归纳，并提出处理意见和建议；可以提供可靠的信息，可以长期保存，易于管理，但是所需的准备时间较长，常用于政策性的工作汇报。

（3）沟通工具汇报。沟通工具汇报指通过电话、电子邮件、微信、QQ 等沟通工具进行的工作汇报。这类汇报贵在及时，可以随时汇报，但不便于对问题进行进一步交流。要注意文字和标点符号的准确性。沟通工具汇报常用于日常工作汇报。

2. 做好汇报准备

汇报工作准备要充分，让基本数据都存在脑海里，胸有成竹，领导提问时要心中有数。事先一定要思考好这次汇报应该达到什么目的。这是一个带有根本性、方向性的问题，也是要汇报的主题思想。

3. 把握好汇报的内容与结构

有的人在汇报时，眼睛紧盯着手上的稿子，用极为平稳的语调，只管把手上的几页工作材料念完。这样的汇报没有重点，领导听了之后也没有印象。

（1）分类汇报。可以按先说结果后列明问题的方式，对准备汇报的内容进行分类，如一共需完成几项工作任务，其中哪几项已圆满完成，哪一项工作比计划滞后，滞后了多少，哪一项工作遇到一些问题需要协助。这样更能够让领导明白你的工作思路，也能够节省时间。

（2）尽可能用数字说话。对于工作的起止时间、具体的工作项目、已经完成了什么、取得了哪些成果等，可以用数字明确表述出来。这样你干了多少活就一清二楚了，比如你写了一篇公众号文章，什么时候发的，阅读量达到了多少等。

（3）阐明工作完成程度。可以以工作进度条的方式阐明工作进展情况。比如你负责执行的一个活动，活动场地已落实了，场地在哪儿，场地布置人员已经召集了，现场广告牌已在制作中，等等，都可说明你完成了哪些阶段性工作。

（4）说出自己的思考。除了正常的工作描述及提出问题外，还可以加上自己思考的解决思路，请领导给出建议。如果是一项复杂的工作项目，汇报时要注意这4个要素：事实、观点、建议、预测。其中，观点、建议、预测都来自你自己的思考，这才是真正展示你工作能力的地方。

4．选择好汇报时机

汇报前要先了解领导的时间安排，可以通过秘书安排时间，也可以自己直接打电话询问领导，获得允许后方可去见领导。不要在领导忙得不可开交或全神贯注地处理某件事时打断领导的工作，也不要在领导正在和其他人会面时去打搅。

5．遵守时间

严格遵守约定的汇报时间，不要迟到。迟到是非常不礼貌的行为，当然过早到达也会打扰到领导的其他工作。可以在约定时间前 5～10 分钟到达，并在门外等候，到时间后敲门，得到许可后入内。如果遇到突发事件不能准时到达，应设法尽快向领导说明原因，请求推迟时间或另约时间并致歉。

汇报时也要掌控好时间，时间太短的话不能详细阐明，时间太长的话可能领导时间有限不能满足。因此汇报时应简洁明了，最长不超过半小时。这样汇报结束，还有时间和领导进行交流。

6．汇报时要讲礼仪

（1）汇报时把控语音、语速。汇报时音量要适中，声音太大会显得嘈杂，声音太小则显得不自信，领导听着也累。对于关键问题和重点内容，要加强语气，放慢语速，或者重复说；对于一些次要问题，语速可以适当快，语调平和。

（2）汇报时用语应准确、恰当。

（3）进入领导办公室前，即使门开着也要先敲门，得到允许后再进入。

（4）如果汇报内容简短就站着汇报。

（5）汇报时眼睛要正视领导，肢体语言不要过多。

（6）被领导表扬不能沾沾自喜，被领导批评也不要气馁。

（7）手机铃声处理好。汇报时如果手机突然响了，应该先挂断，不要接听。如果再次打来，可以侧身接听，并小声说："对不起，我现在有事，一会儿给您回电话。"如果电话非常重要必须接听，可以请示领导，得到同意后接听。如果汇报过程中领导有重要来电需要接听，应向领导示意是否需要回避。

（8）汇报完毕后礼貌告退。起立时不要把桌椅拉出声音，出门时不要把门关得很响。

练一练

以小组为单位，选出两个同学模拟向领导汇报工作，一方扮演领导，另一方扮演汇报者，组员给汇报者打分。

（四）出差与休假礼仪

1．陪同领导出差

（1）带齐随身物品。与领导充分沟通，了解出差目的、必备物品、外出工作内容和需要会见的对象，并根据工作内容和会见对象准备相应的文件、资料和礼品，准备需要携带的证件甚至相机等，安排好工作的行程。

（2）做好记录。如是会议出差，则应准备开会需要的资料，开会时做好会议记录。

（3）做好充分准备。如果是走访或谈判，就应先调查了解走访对象或谈判对象，为领导提供参考。

（4）领略领导意图。要了解本次出差的任务及领导对一些重要问题的基本看法，以便按领导意图及时进行安排，避免因不解其意而导致手足无措甚至帮倒忙的情况发生。

（5）事先联络。与对方单位事先联系，发函并提供前往人员名单（包括姓名、性别、民族、职务等），说明此行目的和行程计划，如本公司没派车，要询问对方是否可以派车等。

（6）车辆准备。如果公司派车，则要提前联系司机准备好车辆。

（7）增强时间观念。在征得领导的同意后，要与司机等随行人员约定好出发时间及行车路线；外出中的所有活动，同行人员都要提前做好准备，按时召集其他随行人员等候领导，不能让领导等其他人。

（8）保持通信畅通。在陪同领导外出时，一定要时刻与领导及同行人员保持联系。因为在外出活动中，情况随时都可能发生变化。因此，同行人员哪怕是短时间的单独行动也要与领导保持联系。

（9）报备领导房间号。入住宾馆后，要让同行人员互相知晓对方所住的房间，及时将同行人员所住房间号、内部电话拨法提供给领导，以便及时联络。

2．独自出差

（1）出差前填写好"出差审批表"，写清楚出差目的地、事由、日程等，并事先得到领导批准。

（2）出发前落实好交通方式和住宿规格，严控出差标准，并与对方单位落实会见时间与场所。

（3）出差期间要与公司保持联系。

（4）出差结束后，应及时与主管领导进行口头汇报，在规定时间内结算差旅费。

3．休假

（1）根据公司规定合理规划休假时间。

（2）休假前应对自己负责的工作进展状况、工作部门、客户等有综合考虑，提前做好准备。

（3）休假应事先得到领导批准，并根据领导的指示对休假计划进行适当调整，然后提交日程表。

（4）和部门同事打好招呼，休假期间，相关工作请同事多费心关照。

（5）休假结束后，在上班第一天可以给领导和同事分享特产，以示谢意。

（五）日常相处细节

（1）见到领导应打招呼。如果距离远，不方便，微笑点头示意即可；近距离则用礼貌用语打招呼，如"王处，您好。"

（2）在公共场合遇到领导，不要表示出特别的热情，礼貌地打声招呼就可以了。

（3）不要在公司电梯里或办公室有第三者的情况下与领导谈家常。

（4）不要在领导面前搬弄是非。

（5）在公共汽车或地铁里遇到领导时，要主动打招呼并让座，下车主动说"再见"。

（6）偶尔接触到领导的隐私时，应假装没看见或没听见，不要触及领导的隐私，更不能在公司同事间传播。

（7）工作出了差错不要找借口，更不能说"是你让我这样做的呀"等，领导说话时不要插嘴，更不要在挨批的时候狡辩。要学会自我检讨，不能推卸责任。

（8）在工作宴请中，一定要等领导举杯，你才能举杯。不要拿起酒杯之后一句话不说就一饮而尽，避免让人误会你对工作有不满情绪；更不要在领导面前喝得醉酒失态。

（9）进入领导房间前一定要敲门，得到允许后方可进入。

（10）不管和领导的关系有多好，在工作场合一定要注意分寸，要注意保持领导的权威性。

（11）永远不要在第三者面前和领导有勾肩搭背、拍头或拍肩膀的行为。

（12）有事请假一定要本人写请假条或打电话向领导报告，除病重等特殊情况，不要让家人或同事代劳。

【知 识 检 测】

一、填空题

1. 招聘会通常分为_____招聘会和_____招聘会。

2. _____是面试着装的首要原则。

3. 面试时给面试官留下印象的，_____是应聘者的能力表现，_____来自身体语言所表达出来的信息，另有_____则来自应聘者的外表和着装。

4. 口头汇报就是直接与领导_____的汇报方式，是工作汇报中常用的一种形式。

二、判断题

1. 应聘者可以制作一份简历并复制多份用于不同的招聘单位。（   ）

2. 面试时必须着正装或名牌服装，这样才能展示最好的个人形象。（   ）

3. 面试着装应与招聘单位的文化相适应。（   ）

4. 面试后第二天可以打电话给招聘单位，询问自己是否录用。（   ）

5. 与领导相处的首要原则就是要尊敬领导。（   ）

三、单选题

1. 面试后（   ）打电话询问面试结果是比较合适的。

  A．第二天   B．3～5天   C．两周   D．随时

2．面试时，女生穿裙装应该搭配（ ），你才能博得人们的信赖，才更有利于你的成功。

  A．肉色丝袜 B．黑丝袜   C．网状袜 D．不穿袜

四、多选题

1．与领导相处的原则是（ ）。

  A．尊重领导   B．支持领导

  C．理解领导   D．领导说的就是对的

2．参加招聘会的流程包括（ ）。

  A．明确职业目标   B．了解参会单位的情况

  C．准备简历和物品   D．准时参会

3．向领导汇报工作可以采用的方式有（ ）。

  A．口头汇报   B．书面汇报

  C．沟通工具汇报   D．随时汇报

【综 合 实 训】

综合实训一　求职面试形象打造

1．实训内容和要求

（1）将全班同学分组，每6人一组，某个同学作为应聘者，其余同学为招聘小组成员，组内每个同学轮流当应聘者，直至全部同学都轮到一次为止。

（2）每个同学根据所抽到的面试岗位设计自己的应聘形象。

（3）招聘小组成员根据面试形象礼仪要求给应聘者打分。

（4）面试岗位参考：房产企业销售人员、超市店长助理、培训机构课程顾问。

2．任务验收

由各组长组成的评议组和教师对学生的表现打分。

项　　　目	分　　值	各组长评分（40%）	教师评分（60%）	实　际　得　分
仪容、仪表好	30分			
符合身份	30分			
大方得体	20分			
表情自然	20分			
合计	100分			

综合实训二　模拟招聘会

1. 实训内容和要求

（1）将全班同学分成 10 组，以抽签方式决定其中的 3 组为招聘企业，其余同学为应聘者。

（2）招聘企业准备招聘海报，提前一次课给出招聘岗位和要求。

2. 实训验收

（1）应聘者根据招聘企业选择投递简历并当场面试，招聘企业给每位应聘者打分。

（2）教师随机抽取的观察员根据招聘组织情况给招聘企业打分。

（3）教师整体评分。

项　　目	分　　值	同学评分（40%）	教师评分（60%）	实 际 得 分
符合身份	30 分			
材料齐全	30 分			
礼仪规范	20 分			
打分标准规范	20 分			
合计	100 分			

综合实训三　同事相处礼仪

1. 实训内容和要求

（1）每组同学设定情景，并进行情景模拟展示，情景要能体现同事相处礼仪。

（2）情景模拟展示要求准备迅速，表演流畅自然，不笑场。

2. 实训验收

由各组长组成的评议组和教师对学生的表现打分。

项　　目	分　　值	各组长评分（40%）	教师评分（60%）	实 际 得 分
情景设计合理	20 分			
表演自然流畅	20 分			
礼仪正确	30 分			
团队配合能力	30 分			
合计	100 分			

综合实训四　下属与领导相处礼仪

1. 实训内容和要求

（1）每组同学设定情景，并进行情景模拟展示，情景要能体现与领导相处礼仪。

（2）情景模拟展示要求准备迅速，表演流畅自然，不笑场。

2. 实训验收

由各组长组成的评议组和教师对学生的表现打分。

项　　目	分　　值	各组长评分（40%）	教师评分（60%）	实　际　得　分
情景设计合理	20分			
表演自然流畅	20分			
礼仪正确	30分			
团队配合能力	30分			
合　计	100分			